本书获得北京市教育委员会北京高校青年英才支持计划（项目编号：YETP1024）的资助

　　获得教育部人文社会科学研究青年基金项目（批准号：12YJCB80123）的资助

金融数学入门

吴志坚　肖滢〇编著

JIN RONG SHU XUE RU MEN

中国政法大学出版社

2017·北京

图书在版编目（ＣＩＰ）数据

金融数学入门/吴志坚，肖滢编著. —北京：中国政法大学出版社，2017.3
ISBN 978-7-5620- 6692-7

Ⅰ.①金… Ⅱ.①吴… ②肖… Ⅲ.①金融－经济数学 Ⅳ.①F830

中国版本图书馆CIP数据核字(2016)第214970号

出 版 者	中国政法大学出版社
地　　址	北京市海淀区西土城路 25 号
邮　　箱	fadapress@163.com
网　　址	http://www.cuplpress.com（网络实名：中国政法大学出版社）
电　　话	010-58908435(第一编辑部)　58908334(邮购部)
承　　印	固安华明印业有限公司
开　　本	720mm×960mm　1/16
印　　张	9.5
字　　数	151 千字
版　　次	2017 年 5 月第 1 版
印　　次	2019 年 7 月第 2 次印刷
印　　数	1201～2700 册
定　　价	32.00 元

前　言

　　金融数学是一门新兴的交叉型前沿学科，发展很快，目前已成为金融领域中一个十分活跃的分支。它主要利用数学工具对金融问题、现象等进行研究，通过数学建模、理论分析、数值计算等定量分析方法，找到金融学的内在规律并用以指导实践。金融数学对正在成长且具有巨大潜力的中国金融市场及金融衍生品市场的发展必能凸显其非同一般的魅力。

　　本书旨在为初学者提供一些金融数学的基础知识和方法。通过常见的金融产品以及它们的基本数学模型，如股票、债券、远期合约、期权、期货等，展现当代金融与数学的紧密联系。通篇的讨论从货币的时间价值、复利、连续利率、债券及付息债券开始，随后介绍风险分析、投资组合、市场组合、资本市场线、债券投资、债券的期限结构、一些金融产品的定价及相关知识。最后，利用金融数学的知识对某些类型的人寿保险进行建模定价。本书重点突出了无套利原理作为金融数学最重要的假设前提之一，人们可以基于此建立诸如双叉模型、风险中性等概念，并进一步对金融产品进行定价或设计投资组合方案。

　　本书适合具备简单概率统计及一元微积分知识并且对定量分析金融现象有兴趣的初学者，亦可作为综合高等院校人文社会各学科专业或文科专业高等院校教师的课程教材。为了方便读者，首先，书中在必要的时候提示所需的数学预备知识；其次，对一些金融相关术语插入英文对照；再次，对金融数学模型的学习采取循序渐进的模式；最后，我们选编了一些有益的例题和思考题，旨在为读者架起理论和现实的桥梁。我们希望本书能够带给读者一些有趣、通俗易懂且有所收益的金融数学知识和方法。

　　本书的原稿曾是 University of Alabama 数学系金融数学课程的讲稿，在中国政法大学、贵州民族大学、嘉兴学院、西南财经大学等几所国内高校作为本科生"金融数学"通选课程讲义或教师提升培训资料。读者现在看到的版本是我们根据多年教学经验，几经修改、调整、补充而成。

我们要特别感谢北京市教育委员会北京高校青年英才支持计划以及教育部人文社会科学研究青年基金项目的大力支持，使本书得以尽早地呈现在读者面前。我们还要感谢多年来在本书成书过程中提供过宝贵意见、合理化建议的老师们和同学们。我们还想感谢中国政法大学出版社提供细致周到的出版服务。

希望读者能就本书的错误、不当之处或建议与我们联系，欢迎予以指正。

吴志坚

2016 年 8 月 14 日于美国内华达州大学

肖　滢

2016 年 8 月 14 日于中国政法大学

目录 Contents

第1章 常见金融概念与
相关理想假设

我们总会遇到一些不确定的事情却又不得不作出决定。假如有一笔钱需要投资，人们可以选择银行定存、余额宝、理财通等产品，或者选择银行理财品、债券、国债等，这些都可以在未来产生保证性收益。人们亦可通过股票、期货、基金定投、信贷、P2P网贷等高风险方式获取高收益，然而这种收益可能比预期的结果好也可能坏，作为一个投资者，显然需要了解各种投资的可能结果才能进行理性投资。

通常，我们将可交易资产分为两类：无风险资产（risk free assess）及风险资产（risky assess）。无风险资产指银行存款或是由政府、金融机构、公司发行的债券等。风险资产的典型代表是股票、期货，风险资产还可能是外汇、黄金、商品或任何虚拟资产。

> 在一般的金融活动中，常见的模式是：某一方投资一定量的货币（称原始投资或本金）于某个项目，在没有新资本投入和抽取原始本金的前提下，原始投资经过一段时间的运作将有所变化，达到一个新的价值。如何从根本上描述这种变化过程呢？这里有几个基本要素：原始投资量、投资起始点及投资经过的时间。因此，这个变化过程应该表示为这些要素的函数。

几乎所有的投资活动都是以收益为目的。衡量收益效果的简单方法是考虑投资价值的变化量。从这个角度看，对投资收益的分析与货币时间价值分析有相似的地方，两者都是关心变化量（增量），都要考虑时间因素的作用。

1.1 基市概念及模型

风险证券的头寸（position）是指一个投资者持有该风险资产的份额。

若当前时刻为 $t=0$，某种股票在时刻 t 每股的价格为 $S(t)$，那么 $S(1)$ 就是一个单位时间（可以是 1 天，1 个月，或 1 年等）该股票的价格，这种股票单位时间的收益为 $S(1)-S(0)$，其相应的收益率（the rate of return，也简称 return），为

$$K_S = \frac{S(1)-S(0)}{S(0)} \tag{1.1}$$

无风险资产的头寸是指在银行账户中的金额，它包括现金或债券。

若某种债券在时刻 t 的价格为 $A(t)$，那么，其单位时间的收益为 $A(1)-A(0)$，其相应的收益率为

$$K_A = \frac{A(1)-A(0)}{A(0)} \tag{1.2}$$

上述两种收益率的不同之处在于：在时刻 $t=0$，K_A 是已知的正数；而 K_s 是未知的，且可能为零或负数。

理想假设 1 （正价性）所有股票和债券的价格在任何时间都是正的。

例 1.1 如下三支股票，在相同时间间隔内，请分别计算其收益值：

（1）2015 年 1 月 27 日，工商银行（股票代码：601398）单股股票的收盘价格为 4.78 元，2015 年 7 月 27 日，工商银行（股票代码：601398）单股股票的收盘价格为 4.82 元。

（2）2015 年 1 月 27 日，中恒集团（股票代码：600252）单股股票的收盘价格为 16.90 元，2015 年 7 月 27 日，中恒集团（股票代码：600252）单股股票的收盘价格为 23.15 元。

（3）2015 年 1 月 27 日，以岭药业（股票代码：002603）单股股票的收盘价格为 31.28 元，2015 年 7 月 27 日，以岭药业（股票代码：002603）单股股票的收盘价格为 18.22 元。

例 1. 2　假设银行存款的年收益率为 $K_A = 10\%$，现存入 200 元，试问：半年后的收益值为多少？

问题 1. 1　为什么不同股票之间的收益率，股票与银行存款的收益率有如此大的差异呢？

假设一个投资者拥有 x 单位股票 S 和 y 单位债券 A。则在时刻 t，该投资的资产价值为：

$$V(t) = xS(t) + yA(t) \tag{1.3}$$

函数对 $\{(x, S), (y, A)\}$ 称为一个**投资组合**（portfolio），$V(t)$ 为该投资组合在 t 时刻的价值。分别用 K_S、K_A 表示 S 和 A 的收益率，怎样求该投资组合的收益率？

我们知道 $V(0) = xS(0) + yA(0)$，$V(1) = xS(1) + yA(1)$，因此

$$V(1) - V(0) = x[S(1) - S(0)] + y[A(1) - A(0)]$$

从而可得

$$K_V = \frac{V(1) - V(0)}{V(0)} = \frac{x[S(1) - S(0)] + y[A(1) - A(0)]}{V(0)}$$

$$= \frac{xS(0)}{V(0)} K_S + \frac{yA(0)}{V(0)} K_A$$

定义该投资组合的权重系数分别为

$$W_S = \frac{xS(0)}{V(0)} \quad 和 \quad W_A = \frac{yA(0)}{V(0)} \tag{1.4}$$

那么这项投资组合的收益率 K_V 可表示为

$$K_V = W_S K_S + W_A K_A \tag{1.5}$$

由此可见，K_V 是 K_S 和 K_A 的加权平均，而权系数的大小仅与初始状态相关，与股票和债券的收益率无关。

如果在资产组合中持有的某种证券的数量是正的，我们就说投资者拥有**多头头寸**（long position）。否则，为**空头头寸**（shot position），或者**卖空资产**。无风险证券的空头头寸可能涉及发行和出售债券，但实际上，通过接入现金更容易达到同样的融资效果。利率由债券的价格决定。偿还贷款及利息可以认为是终止空头。股票的空头头寸可以通过卖空来实现。这意味着投资者可以借入股票后卖出，利用得到的收益进行其他的投资。股票的所有者仍对股票拥有所有权，特别是有得到红利和在任何时刻卖出股票

的权利。因此，投资者必须有足够的财力来履行合约，特别是能够通过回购股票并归还给股票的所有人以结清风险资产的空头头寸。类似地，投资者总可以利用归还贷款和利息来结清无风险证券的空头头寸，基于此，我们产生了如下理想假设。

理想假设 2 在任一时刻，投资组合的价值必须是正的。在这种假设下，这样的投资组合才是合理的，或被称为是可允许的。

在理想的情况下，资产可以在任意时刻以任意数量在市场上随意买卖，即流动性（liquidity）。持有负数股的股票或负数份额的债券，即卖空（shot selling）也是合理的。例如，借债可以看作是拥有负债券，而卖空一支股票可以看作是持有负股票。因此，从数学的角度上来看，我们假定持有股票或债券的份数为任意实数是可行的。

理想假设 3 （可分性、流动性与卖空）投资者可以持有任何数量的股票(x)和债券(y)，这里 x 和 y 可以是任意实数。

可分性是指投资者持有的股票数量和债券数量可以是分数。当交易量与单位价格相比很大时，我们可以认为在现实世界的交易达到了几乎完美的可分性。

流动性是指对股票和有息债券的数量不加任何限制，根据需求，任何资产都可以按照市场价格进行任意数量的买或者卖。这显然是数学上的理想化，现实中对交易量是有限制的。

例 1.3 假设 $A(0)=120$ 元，$A(1)=132$ 元，并且有 $S(0)=100$ 元，随机变量 $S(1)$ 具有如下分布

$$S(1)=\begin{cases}115 & 依概率\ p \\ 90 & 依概率\ 1-p\end{cases} \quad （单位:元）$$

其中 $0<p<1$。某项投资组合由 50 股 A 和 100 股 S 构成。试求此项投资组合的收益率分布。

解： 由 (1.2) 式可得债券 A 的收益率为，$K_A=\dfrac{A(1)-A(0)}{A(0)}=\dfrac{12}{120}=10\%$。

根据 (1.1) 式，如果股票 S 上涨，则其收益率为，$K_S=\dfrac{S(1)-S(0)}{S(0)}=15\%$；若股票 S 下跌，则收益率为，$K_S=\dfrac{S(1)-S(0)}{S(0)}=-10\%$。

由（1.4）式可得到该投资组合的权重系数分别为

$$W_S = \frac{xS(0)}{V(0)} = \frac{100 \cdot 100}{100 \cdot 100 + 50 \cdot 120} = \frac{5}{8}$$

$$W_A = \frac{yA(0)}{V(0)} = \frac{50 \cdot 120}{100 \cdot 100 + 50 \cdot 120} = \frac{3}{8}$$

因此，如果股票上涨，则由（1.5）式有

$$K_V = W_S K_S + W_A K_A = \frac{5}{8} \cdot 15\% + \frac{3}{8} \cdot 10\% = 13.125\%$$

如果股票下跌，则由（1.5）式有

$$K_V = W_S K_S + W_A K_A = \frac{5}{8} \cdot (-10\%) + \frac{3}{8} \cdot 10\% = -2.5\%$$

我们可以得到该投资组合收益率的分布函数为

$$K_V = \begin{cases} 0.13125 & \text{依概率 } p \\ -0.025 & \text{依概率 } 1-p \end{cases}$$

理想假设 4　（随机性，离散单位价格）对于一支风险股票，在 $t=1$ 时刻的股票价格 $S(1)$ 是一个至少具有两种取值的随机变量，并且该随机变量取有限值。

相反地，对于无风险证券而言，在 $t=0$ 时，$A(1)$ 是一个已知的正数。实际上，$A(1) = A(0)(1 + K_A)$。

1.2　无套利原理（No – Arbitrage Principle）

无套利是分析研究市场的最基本假设，简单地说，我们认定市场不允许没有初始投资的无风险利润。

现实中，套利机会非常稀少、时间短暂、不易把握，理论研究中可以忽略。换句话说就是，金融市场上不允许"不劳而获"。

无套利也是金融数学的基本原理。在后面的学习中，我们会发现许多金融数学的理论都离不开这一原理。

无套利原理　投资者在初始 $t=0$ 时刻无投资，即 $V(0) = 0$，而在 $t=1$ 时刻却稳获正利润，即 $V(1) > 0$，这样的投资是不存在的。

例1.4 假设纽约的交易商 A 一年以后以汇率 $d_A = 1.58$ 美元兑换 1 英镑购买英镑，在伦敦的交易商 B 同时以汇率 $d_B = 1.60$ 美元兑换 1 英镑卖出英镑；进一步假设美元可以按年利率 4% 借入，英镑可在银行账户以 6% 利率投资，在这样的情形下可以设计没有任何初始投资却能获得无风险利润的机会。通俗地讲就是"空手套白狼"。

现实中，当一些交易商的汇率报价发生错误时，就可能被投资者利用。一旦套利发生交易商将会立即重新调整汇率，减少 d_A 或者增加 d_B 以使得套利消失。

金融市场上实施套利行为变得非常的方便和快速。套利的便捷性也使得金融市场的套利机会的存在总是暂时的，因为一旦有套利机会，投资者就会很快实施套利而使得市场又回到无套利机会的均衡中。发达市场的一个必然要求，即"无套利"，使得市场上应该没有套利机会。证券市场，包括其衍生物的市场，其定价理论都依此为出发点。因此，无套利原理被用于对金融产品进行定价。金融产品在市场的合理价格是这个价格使得市场不存在套利机会，这就是无风险套利定价原理或者简称为无套利定价原理。后面，我们将对此展开深入讨论。

知识回顾

期望值与标准差

如果随机变量 x 有 n 个不同取值：$x_1, x_2, x_3, \cdots, x_n$，而这些取值的概率分别是：$p_1, p_2, p_3, \cdots, p_n$，则随机变量 x 的数学期望（expected value）为

$$\mu_x = E(x) = x_1 p_1 + x_2 p_2 + x_3 p_3 \cdots + x_n p_n$$

数学期望用来反应随机变量 x 所取数值的均衡位置，就如同力学系统中的重心反映该系统质量的均衡位置一样。

随机变量 x 的标准差（standard deviation）为

$$\sigma_x = \sqrt{(x_1 - \mu_x)^2 p_1 + (x_2 - \mu_x)^2 p_2 + (x_3 - \mu_x)^2 p_3 \cdots + (x_n - \mu_x)^2 p_n}$$

续表

随机变量 x 的标准差反映了 x 取值的分散程度，若 x 取值比较集中，则 σ_x 较小；反之，若 x 取值比较分散，则 σ_x 较大。

随机变量 x 的概率分布可表示如下

$$x: \quad x_1 \quad x_2 \quad x_3 \quad \cdots \quad x_n$$
$$p_i: \quad p_1 \quad p_2 \quad p_3 \quad \cdots \quad p_n$$

这里，p_1，p_2，p_3，$\cdots$，p_n 均为正数，并且 $p_1 + p_2 + p_3 + \cdots + p_n = 1$

例 1.5 随机变量 x 的分布为

$$x: \quad -1 \quad 0 \quad 3 \quad 4 \quad 6$$
$$p_i: \quad 0.2 \quad 0.3 \quad 0.2 \quad 0.2 \quad 0.1$$

试求该随机变量的期望和标准差。

解： 随机变量 x 的期望为

$$\mu_x = E(x) = (-1) \cdot 0.2 + 0 \cdot 0.3 + 3 \cdot 0.2 + 4 \cdot 0.2 + 6 \cdot 0.1 = 1.8$$

标准差为

$$\sigma_x = \sqrt{(-1-1.8)^2 \cdot 0.2 + (0-1.8)^2 \cdot 0.3 + (3-1.8)^2 \cdot 0.2 + (4-1.8)^2 \cdot 0.2 + (6-1.8)^2 \cdot 0.1}$$
$$\approx 2.36$$

思考题

1.2.1 若 $A(0) = 100$ 元，$A(1) = 110$ 元，且 $S(0) = 25$ 元，随机变量 $S(1)$ 具有如下分布

$$S(1) = \begin{cases} 30 & \text{依概率 } p \\ 20 & \text{依概率 } 1-p \end{cases} \quad (\text{单位：元})$$

其中，$0 < p < 1$。某投资组合有 10 股 A 和 50 股 S，试求该投资组合的收益率。

1.3 单期双叉（One – Step Binomial Tree）模型

为更好地阐述金融数学的理论和基本方法，我们首先一起考虑下面这

个非常简单的例子。股票价格 $S(1)$ 只有两种取值

$$S(1) = \begin{cases} S^u & \text{依概率 } p \\ S^d & \text{依概率 } 1-p \end{cases}$$

这里 $S^d < S^u$，$0 < p < 1$。我们可以利用双叉图形来简洁地表示这个过程

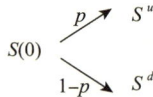

$$S(0) \begin{array}{c} \nearrow^{p} \quad S^u \\ \searrow_{1-p} \quad S^d \end{array}$$

例 1.6 （股票的低廉与昂贵）假设有两支股票 S_1 和 S_2，满足如下条件 $S_1(0) = S_2(0) = 100$ 元，同时知道

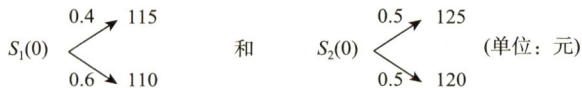

$$S_1(0) \begin{array}{c} \nearrow^{0.4} 115 \\ \searrow_{0.6} 110 \end{array} \qquad \text{和} \qquad S_2(0) \begin{array}{c} \nearrow^{0.5} 125 \\ \searrow_{0.5} 120 \end{array} \qquad \text{（单位：元）}$$

试问在 $t=0$ 时刻，上述哪种股票更便宜？或者说，在 $t=0$ 时刻，你会购买哪种股票？

解： 在 $t=0$ 时刻 S_2 更便宜。因为，若分别投资 100 元于两只股票，那么，在 $t=1$ 时刻，股票 S_2 至少可以获利 20 元，而 S_1 则至多可以获利 15 元。显然购进第二支股票更合算。

这道例题告诉我们，金融数学中所说的"便宜"并不是说其价格更低，而是更"合算"，即相同条件下，收益率高或收益大，也就是我们日常生活中所说的"性价比高"。

下面的命题，从一个方面说明了无套利原理的基本意义。

命题 1.1 若 $S(0) = A(0)$，$S(1) = \begin{cases} S^u & \text{概率 } p \\ S^d & \text{概率 } 1-p \end{cases}$，则 $S^d < A(1) < S^u$。

证明： 我们采用反证法来证明此命题，即若结论不成立，则套利机会存在。这也就是我们通常说的利用"贱买贵卖"的机会，从中获得收益。

假设 $A(1) \leqslant S^d$，则在时刻 $t=0$，股票 S 比无风险资产 A 便宜。构造 $t=0$ 时刻的投资组合 $V = \{(1,S),(-1,A)\}$，也就是说

• 为获得 $A(0)$，借贷一股无风险资产 A

- 以 $S(0)=A(0)$ 的价格购买一股股票

在 t 时刻该投资组合的价值为

$$V(t)=1\cdot S(t)+(-1)\cdot A(t)=S(t)-A(t)$$

显然 $V(0)=0$；

在 $t=1$ 时刻

$$V(1)=S(1)-A(1)=\begin{cases}S^u-A(1) & \text{依概率 }p\\S^d-A(1) & \text{依概率 }1-p\end{cases}$$

这意味着 $V(1)\geqslant 0$，然而 $V(1)$ 依概率 $p>0$ 满足，$V(1)=S^u-A(1)>0$，这与无套利原理相矛盾，故假设 $A(1)\leqslant S^d$ 不成立。

另一方面，假设 $A(1)\geqslant S^u$，则在时刻 $t=0$，无风险资产 A 比股票 S 更便宜。构造 $t=0$ 时刻的投资组合 $\bar V=\{(-1,S),(1,A)\}$，也就是说

- 以 $S(0)$ 元卖空一股股票 S
- 以 $S(0)=A(0)$ 的价格投资于无风险资产 A

在 t 时刻，该投资组合的价值为，$\bar V(t)=(-1)\cdot S(t)+1\cdot A(t)=A(t)-S(t)$。

显然 $\bar V(0)=0$；$\bar V(1)=A(1)-S(1)=\begin{cases}A(1)-S^u & \text{依概率 }p\\A(1)-S^d & \text{依概率 }1-p\end{cases}$ 这意味着

$\bar V(1)\geqslant 0$，然而 $\bar V(1)$ 依概率 $1-p>0$ 满足，$\bar V(1)=A(1)-S^u>0$，这与无套利原理相矛盾，故假设 $A(1)\geqslant S^u$ 不成立。

综上所述，原命题成立。

1.4　预期收益率（Expected Return）和风险（Risk）

我们用投资组合收益率的数学期望和标准差来描述投资组合的预期收益率和风险。为阐明这个概念，我们首先通过一个例题来说明。

例 1.7　（预期收益率和风险）假设 $A(0)=100$ 元，$A(1)=105$ 元，$S(0)=80$ 元，并且知 $S(1)=\begin{cases}90 & \text{依概率 }0.8\\70 & \text{依概率 }0.2\end{cases}$（单位：元）。若你现在有 10000 元要进行投资，在 $t=0$ 时刻，你为自己设计的投资组合方案为 $V=\{(50,S),(60,A)\}$。

那么由（1.3）式可得，$V(t)=50S(t)+60A(t)$。经计算知，$V(0)=10000$ 元，

$$V(1) = \begin{cases} 10800 & \text{依概率 } 0.8 \\ 9800 & \text{依概率 } 0.2 \end{cases} \text{再由}(1.5)\text{式得,} K_V = \begin{cases} 0.08 & \text{依概率 } 0.8 \\ -0.02 & \text{依概率 } 0.2 \end{cases}。$$

故该投资组合的预期收益率为, $E(K_V) = 0.08 \cdot 0.8 + (-0.02) \cdot 0.2 = 0.06 = 6\%$,

其风险为, $\sigma_V = \sqrt{(0.08 - 0.06)^2 \cdot 0.8 + (-0.02 - 0.06)^2 \cdot 0.2} = 0.04 = 4\%$。

标准差提供了一种资产风险的量化方法。对于这一指标,我们可以作以下两种解释:其一,给定一项资产或投资的期望收益率和标准差,我们可以合理地预期其实际收益在"期望值加减一个标准差"区间内的概率为 $\frac{2}{3}$;其二,根据标准差可以对收益率相同的两种不同投资的风险作出比较。一般来说,对期望值的偏离程度越大,期望收益的代表性就越小,即标准差越大,风险也越大,反之亦然。

对于相同的资金,如果你设计的投资组合不同,就会得到不同的预期收益率和风险。通常一个投资人必然希望知道"预期收益率能够达到多高?"、"风险能够降到多低?",根据上面的公式可以计算出每一种投资组合的预期收益率和风险。这些属于优化问题,可以通过微积分的相关知识进行求解,也可以利用其他数学工具。事实上,基于例1.7,如果我们假设无卖空和借贷(即无负股份),那么只有股票的投资组合可以产生最高预期收益率(7.5%),而只有无风险资产的投资组合可以达到最低风险(0%)。

如果针对两个期望收益相同的资产组合进行选择,显然,任何投资者都会选择风险更低的。类似地,如果风险水平相同,任何投资者都会选择收益更高的。我们将这些常识归结为下面的命题。

命题1.2:(不同股票的性价比)假设 S 与 $\bar{S}$ 是两支不同的股票,那么我们可以得到以下若干结论

a) 若 $S(0) = \bar{S}(0)$,$E(K_S) < E(K_{\bar{S}})$,则在 $t = 0$ 时,股票 $\bar{S}$ 比股票 S 性价比高;

b) 若 $S(0) = \bar{S}(0)$,$E(K_S) = E(K_{\bar{S}})$,且 $\sigma_S < \sigma_{\bar{S}}$,则在 $t = 0$ 时,股票 S 比股票 $\bar{S}$ 性价比高;

c) 若 $S(0) = \bar{S}(0)$,$E(K_S) = E(K_{\bar{S}})$,且 $\sigma_S = \sigma_{\bar{S}}$,则无法比较 S 和

$\bar{S}$，除非有更多的信息。

一般来说，高收益与高风险相联系，选择取决于个人的偏好。这些问题，在第五章中，我们还将进一步讨论。

1.5　远期合约（Forward Contracts）

远期合约是 20 世纪 80 年代初兴起的一种保值工具，它是一种交易双方约定在未来的某一确定时间，以确定的价格买卖一定数量的某种金融资产的合约。**远期合约**是一种交易双方约定在未来的某个时间（称为**交易日、交割日或者到期日** delivery date），按事先约定的价格 F（称为**远期价格** forward price），为买卖一定数量的风险资产而达成的协议。在签订合约时不需要支付现金。

将打算购买资产的投资者称为**远期合约多头**，或称持有远期合约多头头寸。将打算卖出资产的投资者称为**远期合约空头**，或称持有远期合约空头头寸。

换言之，在未来的某一天，某人将保证以某一价格买入一定数量的标的物。这种在未来买入的义务就称为远期合约。

该合约在到期日对于买方来说可以是一单好买卖，也可能是赔本生意，结果取决于交易日该标的物的市场价格。

生活中这种例子时有发生、比比皆是。例如，现在你和卖方签订了以 80 元购买 100 块巧克力的合约，下个月到货时付款。在这种情况下，交易日是从现在算起的 30 天后，远期价格是 80 元。这时，你处于远期多头状态，而卖方处于远期空头状态。在交易日当天，市场上 100 块巧克力的价格可能为 110 元，也可能是 60 元，那么你将会获利还是损失呢？如果市场价格是 110 元，你将获利 30 元，卖方则会损失 30 元。可是若市场价格为 60 元，则卖方获利 20 元，你却损失 20 元。显然，买卖双方的盈方取决于交易日的市场价格。

一般来说，将到期日记为 $t=1$ 时刻，如果资产价格 $S(1)$ 高于远期价格 F，则处于远期多头状态的一方将会获利。如果资产价格 $S(1)$ 低于远期价格 F，则远期多头的买方将会蒙受损失。远期多头方的盈利为 $S(1)-F$，它可以为正、负或是零。而对于空头方，其盈利为 $F-S(1)$。同样我们要注意到，合同双方的盈利总和为零！图 1-1 用来说明远期多头状态和远期空头状态的盈利情况。

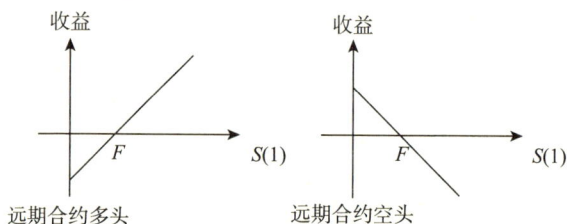

图 1-1

是否可以找到用以计算远期合约到期之前利润或损失的价格公式呢？合约应该值多少并非一个学术问题。现代金融市场允许合约买方在任何交易日在市场上出售合约或者购买新合约。换句话说，这些工具可以交易。

可以想象，如果当天价格远高于远期价格 F，并且到期日为期不远，则合约具有较高价值。另一方面，如果今天的股价非常低，那么合约几乎没有价值。

现代金融市场的发展速度令人叹为观止。市场制度允许资产组合可以像一项资产一样在合约日之后（到期日之前）进行交易。事实上，人们可以在任何时间购买这种合约，作为投资组合的一部分。

一个投资组合可能包含远期合约，如果在 $t=0$ 时刻该投资组合为
$$V=\{(x,S),(y,A),(z,F)\}$$
则在 $t=0$ 时刻，该投资组合的总价值为，$V(0)=xS(0)+yA(0)$。

在到期日，该投资组合的价值为，$V(1)=xS(1)+yA(1)+z[S(1)-F]$。

无套利原理决定远期价格

命题 1.3 设 $S(0)=A(0)$，$A(1)=(1+K_A)A(0)$，则按照远期合约，在交易日 $t=1$ 时，购买一股股票 S 的远期价格 F 为 $F=A(1)$。

证明： 假设在 $t=1$ 时刻，$F>A(1)$，则作为远期合约的空头方以价格 F 卖出一股股票。因此在 $t=0$ 时刻，对于空头方来讲，股票相对便宜，而无风险资产相对昂贵。在 $t=0$ 时刻，构造如下的投资组合
$$V=\{(1,S),(-1,A),(-1,F)\}$$
该投资组合表明
- 以 $A(0)$ 元的价格借入无风险资产 A

- 以 $S(0) = A(0)$ 元购买一股股票 S
- 以远期价格 F 购进远期合约空头，到期日为 $t = 1$

当 $t = 0$ 时刻，该投资组合的总价值为

$$V(0) = 1 \cdot S(0) + (-1) \cdot A(0) = 0。$$

在交易日 $t = 1$ 时刻，该投资组合的价值为

$$V(1) = 1 \cdot S(1) + (-1) \cdot A(1) + (-1) \cdot [S(1) - F] = F - A(1) > 0$$

这与无套利原理相矛盾。

类似地，若假设在 $t = 1$ 时刻，$F < A(1)$，则多头头寸方将以价格 F 购买一股股票。也就是说，当 $t = 0$ 时，对于远期合约多头方来讲，此时，无风险资产较便宜，而股票则较昂贵。

若 $t = 0$ 时，构造如下投资组合

$$V = \{(-1, S), (1, A), (1, F)\}$$

那么 $t = 0$ 时，该投资组合的总资产为

$$V(0) = (-1) \cdot S(0) + 1 \cdot A(0) = 0$$

$t = 1$ 时，总资产为

$$V(1) = (-1) \cdot S(1) + 1 \cdot A(1) + 1 \cdot [S(1) - F] = A(1) - F > 0$$

这与无套利原理相矛盾。

综上所述，远期价格 $F = A(1)$。

注意到，为计算方便我们假定 $S(0) = A(0)$。若 $S(0) = kA(0)$，这里 k 为任意正常数，则远期价格为 $F = kA(1)$。

我们还将在第六章中与期货合约一起进一步讨论远期合约的价值。

思考题

1.5.1　试求思考题 1.2.1 中的投资组合的期望收益和风险。

1.5.2　当交易日 $t = 1$ 时，试求思考题 1.2.1 条件下的购买一支股票 S 的远期合约的远期价格。

1.6　买入和卖出期权（Call and Put Option）

人们可以购买一种机会，在未来的某个时间，称为执行时间（exercise time）T，按照事先约定的交易价（strike price）或称为执行价格（exercise price）

X **买入期权**(call option)，又称**看涨期权**。买入期权以合约的形式进行交易。

> 期权是一种选择权，期权的买方向卖方支付一定数额的保证金后，就获得这种权利，即拥有在一定时间内以一定的价格（执行价格）出售或购买一定数量的标的物（实物商品、证券或期货合约）的权利。期权的买方行使权利时，买方必须按期权合约规定的内容履行义务。相反，期权的买方可以放弃行使权利，此时买方只是损失权利金，卖方赚取权利金。总之，期权的买方拥有执行期权的权利，无执行的义务；而期权的卖方只有履行期权的义务。
>
> 期权交易需具备的要件
>
> （1）执行价格（又称履约价格）。签订期权合约时规定买方行使权利的标的物的买卖价格。
>
> （2）履约保证金。期权的买方获得一定时期履行合约或不履行合约的选择权价格，即买方为获得期权而付给期权卖方的费用。
>
> （3）期权的类型：看涨期权和看跌期权。看涨期权是指在期权合约有效期内按执行价格买进一定数量标的物的权利；看跌期权是指卖出标的物的权利。当期权买方预期标的物价格会超出执行价格时，他就会买进看涨期权，相反就会买进看跌期权。
>
> 按执行时间的不同，期权主要可分为两种：欧式期权和美式期权。欧式期权是指只有在合约到期日才被允许执行的期权，多为场外交易所采用。美式期权是指可以在成交后有效期内任何一天被允许执行的期权，多为场内交易所采用。

人们或许会认为远期合约（forward contract）比期权（option）更为常见。事实上，在现实生活中期权的例子也随处可见。下面我们来看一个或许你也会遇到的现实例子。有一份合约（Rain - check，雨票），约定你可以在下个月以 5000 元购买一台电视机。实际上，这是一份买入期权，其交易价（strike price）为 5000 元，执行时间（exercise time）为 1 个月。这份合约保证了你拥有从现在开始的一个月后可以以 5000 元的价格购买一台电视机的权利，而这种购买不是义务。

有如下几个问题，让我们一起来讨论一下。

1. 假设现在你拥有上述一份**合约**，你最希望下列哪种情形发生？

（1）电视机的市场价格上涨。

（2）电视机的市场价格下跌。

（3）电视机的市场价格保持不变。

2. 签订这份合约有没有价值，或者说，是否有收益？

小插曲

Rain-check 的来历：Rain-check 是美国流行口语，出现于 19 世纪 80 年代，典故出自露天举行的棒球比赛。最初指"棒球赛因下雨延期举行时观众得到的'未来'入场券"。如果球赛进行时天公不作美，骤然倾盆大雨，不得不暂停，观众可领"雨票"，或用原票存根作为"雨票"（rain – check），球赛改期举行时可凭之入场。

简要分析：

1. 因为电视机的市场价格上涨，该合约将会有盈利。通常，如果标的股票的市场价格上升，看涨期权的买方将会受益，而另一方面，卖出期权者将会亏损。

2. 的确，一般来讲，该合约是具有价值的。因为合约持有者，即买方，有权以一定价格购买标的资产，而其他人则没有这个权利。

我们注意到，合约的买方有购买的选择权。如果到执行时间他（她）不想购买合约标的物，则可以拒绝支付执行价。很明显，这种情形在到期日合约标的物的市场价格低于执行价的时候发生。另一方面，如果买方看到到期日合约标的物的市场价格较高，那么他（她）一定会选择支付执行价，同时获得高价格的股票，我们称这种情形为期权被执行了。

下面是期权中的一些条款：

• 期权的购买者向出售者支付费用；

• 在到期日，合约的买方以执行价向合约卖方支付；

• 如果合约卖方收到买方以交易价支付，在到期日他必须交付约定数量的标的物给买方。

所以，看涨期权是这样一种合约：它给合约持有者（即买方）按照约定的价格从对手手中购买特定数量之特定交易标的物的权利。美式期权的买方可以自期权契约成立之日起，至到期日止，这一期间内的任一时点，随时要求期权的卖方执行合约。而欧式期权的履约时间只有到期日当天而已，其被要求履约的概率远低于美式期权。

看涨期权在到期时的利润与损失

下面分析 $t = 1$ 时刻的盈利情况。仍以前面的电视机购买合约为例，如果电视机的市场价格下跌低于交易价格 5000 元（假设市场价格为 4000 元），则该买入期权就是无价值的。显然，当市场价格更低的时候，你不会愿意花费 5000 元去购买电视机。那么，这时你并没有行使合约权利。可是，如果电视机的市场价格上涨高于交易价 5000 元时，假设市场价格为 8000 元，那么这份期权可以带来 3000 元的利润。你可以以 5000 元购买该电视机，并且立刻以 8000 元卖出，或者你直接以 3000 元出售该权利。总之，该期权的盈利为

$$C(1) = \begin{cases} 3000 & \text{如果价格上涨} \\ 0 & \text{如果价格下跌} \end{cases}$$

在 $t = 0$ 时刻买入期权的价值记为 $C(0)$，尽管这份期权你可能是免费得到的，但是它仍是拥有价值的。接下来，依据前面的交易价和市场价，我们来讨论一下 $C(0)$ 的价值。已知 $S(0) = 5000$，$S(1)$ 有两种可能的取值，$S(1) = 4000$，$S(1) = 8000$，而 $A(0) = 100$ 和 $A(1) = 101$（这里 $t = 1$ 代表 1 个月）。考虑由 x 股股票 S、y 份额债券 A 和 -1 股买入期权 C 构成的投资组合 V，V 满足条件

$$V(0) = xS(0) + yA(0) - C(0) = 0$$

等价地，我们可得到如下有关 $C(0)$ 的公式，$C(0) = xS(0) + yA(0)$。

在 $t = 1$ 时刻，该投资组合的价值将为

$$V(1) = xS(1) + yA(1) - C(1)$$

$$= \begin{cases} 8000x + 101y - 3000 & \text{如果股票上涨} \\ 4000x + 101y & \text{如果股票下跌} \end{cases}$$

另一方面，根据无套利原理，我们可以知道 $V(1) = 0$。因此，

$$V(1) = \begin{cases} 8000x + 101y - 3000 = 0 \\ 4000x + 101y = 0 \end{cases}$$

求解上述方程组，我们可以得到，$x = \dfrac{3}{4}$，$y = -\dfrac{3000}{101}$。

最后，我们可以确定买入期权的价值为

$$C(0) = xS(0) + yA(0)$$

$$= \frac{3}{4} \cdot 5000 - \frac{3000}{101} \cdot 100 = \frac{157500}{202} \approx 779.70$$

上述分析表明，利用无套利原理，期权可以通过股票和债券的投资组合而被复制（replicated），并且在 $t = 0$ 时刻，其价值也是可以确定的。实际上，这种所谓的对于买入期权的复制，就是利用 x 股股票 S 和 y 份额债券 A 构成的投资组合，并且满足如下条件

$$xS(0) + yA(0) = C(0) \text{和} xS(1) + yA(1) = C(1) \qquad (1.6)$$

利用无套利原理，由第二个等式可以求出 x 和 y 的值。因此，将 x 和 y 的值代入第一个式子，就可以求出买入期权的价值 $C(0)$。

下面这个例子用以说明，在 $t = 0$ 时刻，交易价（strike price）与股票价格可能有所不同。

例 1.8　考虑一份买入期权，其执行时间为 3 个月，以执行价格为 70 美元买入一股通用电气（GE）的期权。假定当前通用电气（GE）每股股票的价格为 $S(0) = 65$ 美元。若 $A(0) = 100$ 美元，$A(1) = 102$ 美元，$S(1)$ 有如下两种可能的价格

$$S(1) = \begin{cases} 74 & \text{依概率 } 0.5 \\ 66 & \text{依概率 } 0.5 \end{cases} \text{（单位：美元）}$$

在 $t = 0$ 时刻，有一位投资者想要购买 100 股此种股票的期权，计算该期权的价格。

解： 我们需要计算一股期权的价格 $C(0)$。显然，根据 $S(1)$ 的分布，我们可以得到

$$C(1) = \begin{cases} 4 & \text{依概率 } 0.5 \\ 0 & \text{依概率 } 0.5 \end{cases} \text{（单位：美元）}$$

根据期权复制，$xS(0) + yA(0) = C(0)$ 和 $xS(1) + yA(1) = C(1)$，那么由第二个等式可得如下方程组：

$$C(1) = \begin{cases} 74x + 102y = 4 \\ 66x + 102y = 0 \end{cases}$$

解方程组，得 $x = \dfrac{1}{2}$，$y = -\dfrac{11}{34}$。

再将 x 和 y 的值带入第一个式子，我们可以得到一股该期权的价格为

$$C(0) = xS(0) + yA(0) = \frac{1}{2} \cdot 65 - \frac{11}{34} \cdot 100 = \frac{5}{34} \approx 0.1470588$$

所以，在 $t = 0$ 时刻 100 股该期权的价格为 $100 \cdot 0.1470588 \approx 14.71$ 美元。

套利策略的一般模式是卖出（或者卖空，如果有必要）价格被高估的资产，买入价格被低估的资产，不管将来会发生什么，只要在履行金融义务或权利的过程中可以获利即可。

注意：1. 通过上例我们发现，股票上涨或下跌的概率 p 和 $1 - p$ 与定价和复制期权无关。这是该理论的显著特色，不是巧合。

2. 在期权可以被股票和债券复制的市场，期权似乎是多余的，在简化的单期模型中，这个结论也成立。但在包含多个时期（或者连续时间）的情况下，复制是非常繁重的任务。在每一个时期都会发生价格变化，需要即时调整股票和债券的头寸，必须考虑管理和交易的成本。在某些情况下，不可能准确地复制，这就是为什么大多数投资者宁愿买卖期权，而复制仅为机构和交易商形式上的交易。

买入期权的期权持有者（holder）（或称买方）称为处于买入期权的多头，而另一面，作为买入期权的卖出者（writer）（或称卖方）称为处于买入期权的空头。与远期合约相类似，在执行时刻 T 以执行价格 X 进行交易，多头方和空头方的盈利分别为

$$\max\{S(T) - X, 0\} \text{ 和 } \min\{X - S(T), 0\}$$

图 $1 - 2$ 表明了双方在 $t = T$ 时刻的盈利情况

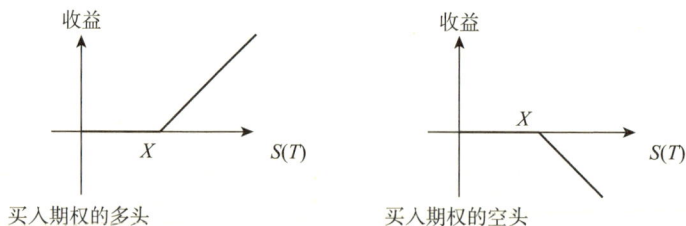

图 1 - 2

乍看起来，**看涨期权**类似于**远期合约多头**，两者都包含在未来某个时刻，以预先固定的价格购买一种资产。一个本质的区别是，远期合约多头

头寸的持有者承担以固定价格购买资产的义务，而看涨期权的持有者有权利但没有义务这样做。另一个差别是，投资者需要花钱购买看涨期权，而在远期合约交易时不需要任何支付。

相类似地，你可以购得另一种机会，在未来的某个时刻，即执行时刻（exercise time），以确定的价格，即交易价（strike price），或执行价（exercise price）出售一定数量的标的物，即使你并不持有任何标的物，这种未来出售的不附带义务的权利被称为是**卖出期权**（put option），又称**看跌期权**。看跌期权以合约的形式进行交易。

看跌期权，合约的买方有投资的选择权，如果买方不想卖出标的物，他（她）可以取消任何交易。这种情况将在何时发生？假设到期日市场上标的物的价格高于执行价，这对于买方将是一次损失的交易，明智的投资者会拒绝执行期权。相反，如果看跌期权的买方发现到期日时标的物的市场价格低于执行价，那么他（她）选择执行期权。

我们用 P 表示卖出期权，相类似地，对于卖出期权，我们用 $P(0)$ 表示卖出期权的价格，而且可以得到如下方程组

$$xS(0) + yA(0) = P(0) \text{ 和 } xS(1) + yA(1) = P(1)$$

例 1.9　某农场签订一份卖出期权。该期权规定，农场以 10 头牛作为标的物，执行时间为 1 年，交易价格为 100000 元。若 $A(0) = 100$ 元，$A(1) = 103$ 元，当前 10 头牛的价格为 90000 元，而在 $t = 1$ 时刻，10 头牛的价格可能为

$$S(1) = \begin{cases} 95000 & \text{依概率 } 0.5 \\ 105000 & \text{依概率 } 0.5 \end{cases}$$

试求卖出期权的价格 $P(0)$。

解答从略。提示，需先求出 $P(1)$ 的分布。

卖出期权的期权持有人在卖出期权中处于多头状态，而期权卖出者处于空头状态。通常状况下，如果标的物的市场价格低，则多头方将受益，空头方将亏损。与买入期权相类似，在执行时刻 T 以执行价格 X 进行交易，则多头方和空头方的盈利分别为

$$\max\{X - S(T), 0\} \text{ 和 } \min\{S(T) - X, 0\}$$

图 1-3 表明了在时刻 $t=T$ 时双方的盈利情况

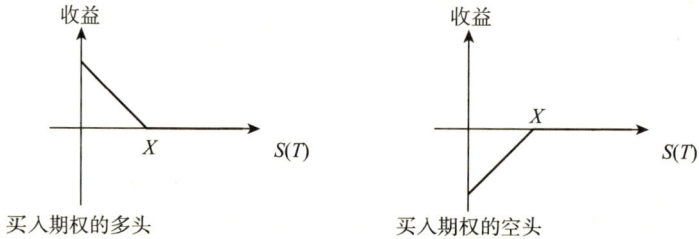

图 1-3

看跌期权和远期合约空头头寸的相似之处是，两者都包含在将来的某个确定时间，以固定价格卖出资产。本质的不同是，远期合约空头头寸的持有者有义务以固定的价格卖出资产；而看跌期权的持有者，有权利但没有义务卖出资产。而且，想购买看跌期权的投资者将进行支付，但在进行远期合约时，没有支付。

风险（Risk）

我们潜意识里知道，投资期权具有很高的风险。下面我们将比较投资股票的收益和投资以股票作为标的物的买入期权的收益。

假设 $A(0) = 100$，$A(1) = 110$，$S(0) = 100$，且 $S(1) = \begin{cases} 120 & \text{依概率} 0.5 \\ 80 & \text{依概率} 0.5 \end{cases}$（单位均为：元），买入期权的交易价格为 100 元，执行时间为 $t=1$，我们知道

$$C(1) = \begin{cases} 20 & \text{依概率} 0.5 \\ 0 & \text{依概率} 0.5 \end{cases} \quad \text{（单位：元）}$$

为了计算 $C(0)$，我们需先求解等式 $xS(1) + yA(1) = C(1)$，解方程组可得 $x = \dfrac{1}{2}$，$y = -\dfrac{4}{11}$。因此，$C(0) = xS(0) + yA(0) = \dfrac{100}{2} - \dfrac{400}{11} = \dfrac{150}{11} \approx 13.64$ 元。

股票和买入期权的收益率分别为

$$K_S = \begin{cases} 0.2 & \text{依概率} 0.5 \\ -0.2 & \text{依概率} 0.5 \end{cases} \quad \text{和} \quad K_C = \begin{cases} 7/15 & \text{依概率} 0.5 \\ -1 & \text{依概率} 0.5 \end{cases}$$

在买入期权收益率 K_C 的分布函数中，$\frac{7}{15}$ 是怎么计算出来的？其实，如果股票上涨，$K_C = \dfrac{C(1) - C(0)}{C(0)} = \dfrac{20 - 150/11}{150/11} = \dfrac{7}{15}$。

如果你有 1000 元投资上述股票，则在 $t=1$ 时，若价格上涨，你可获利 20 元，若价格下跌，则你将获利 – 200 元。如果你有 1000 元投资上述期权，若价格上涨，则你可以获利 466.67 元，若价格下跌，将获利 – 1000（在这里我们不考虑货币的时间价值）。显然，在这个例子中，在相同情况下，买入期权的风险更高。

我们知道，上述股票和买入期权的预期收益率分别为

$$E(K_S) = 0 \text{ 和 } E(K_C) = \frac{7}{15} \cdot 0.5 + (-1) \cdot 0.5 = -\frac{4}{15} \approx -0.267$$

由上面分析我们可以看出，就算你投资股票希望能够收支相抵，但这样也并不会盈利！而投资的股票为标的物的期权，每投资 100 元将会损失 26.67 元。

期权不仅仅在投资中使用，在不同的商业领域中都有广泛的应用，大家可以通过网络发现更多的相关信息。

思考题

1.6.1 求解例 1.9。

1.6.2 试求例 1.8 中的股票和期权的预期收益率 $E(K_S)$ 和 $E(K_C)$。

1.7 小结

货币是一种所有者相互之间的约定，反映的是个体与社会的经济协作关系。由于货币的契约本质，它有不同的表现形式，如一般等价物、贵金属货币、纸币、电子货币、虚拟货币等。在现代经济领域，大部分交易都使用支票或电子货币。广义上来讲，任何一种能够执行交换媒介、价值尺度、延期支付标准或完全流动的财富储藏手段等功能的商品，都可被看作是货币。

现在，人们使用的货币具有国家或地区的特性，不同的货币区之间在互相兑换货币，汇率的概念就产生了。汇率也被称作"外汇行市或汇价"。

一国货币兑换另一国货币的比率，是以一种货币表示另一种货币的价格。就数学模型而言，我们可以选定某一货币，而将其他货币视为风险证券，即人们可以利用汇率的波动以及货币的升值、贬值进行投资。

例 1.10　自 2010 年 6 月 19 日央行重启汇改至 2011 年 8 月 15 日，人民币对美元已累计升值 6.8%。2010 年 6 月 18 日，某人有 1 万美元的外汇，当时的 100 美元可兑换 660 元人民币，假如到 2017 年人民币升值 15%，其他条件不变，那么此人手中的外汇是缩水，还是增值？

解：2010 年 6 月 18 日 1 万美元的外汇可以兑换人民币 $10000 \times 6.6 = 66000$ 元。

到 2017 年人民币升值 15%，那么 1 美元可兑换的人民币数额为：$6.6 \div (1 + 15\%) \approx 5.739$ 元。

2017 年 1 万美元可兑换人民币为 $10000 \times 5.739 = 57390$ 元。

显然，此人手中的外汇将缩水 $66000 - 57390 = 8610$ 元。

例 1.11　假设某一年，一家出口企业生产的某种商品 10 万件全部出口到美国，以当时的人民币对美元的汇率基准价 630（人民币元/100 美元）计算，共获利 1260 万元人民币。如果次年该企业劳动生产率提高 10%，且人民币对美元升值 5%，其他条件不变，请问该企业第二年创造的利润与第一年相比是多，还是少？

解：第一年获利 1260 万元人民币，平均每件产品获利 126 元人民币，按照当时的汇率计算，即获利 200 万美元。

第二年该企业可以生产 $10 万 \times (1 + 10\%) = 11$ 万件产品，由于其他条件保持不变，故可获利 1386 万元人民币。

当人民币对美元升值 5% 时，将所得利润折合为美元，即 $1386 \div [6.3 \times (1 + 5\%)] \approx 209.52$ 万美元，所以该企业第二年比第一年多盈利约 9.52 万美元。

货币的时间特性非常重要。把钱存入银行，一般都有利息，且存的时间越长，利息越多。以读者熟悉的公式为例

$$P(t) = P(0)e^{rt}$$

这里，$P(0)$ 是初始存入量，$P(t)$ 是 t 时刻的本利和，r 是存款利率。容易看到，利息所得为

$$P(t) - P(0) = P(0)(e^{rt} - 1)$$

若知道 t，$P(0)$，$P(t)$，利率 r 可以由下面的公式计算

$$r = \frac{1}{t} \cdot \ln\left(\frac{P(t) - P(0)}{P(0)} + 1\right)$$

债券是一种有价证券，用来直接向社会借债筹措资金金融契约，一般由政府、金融机构、工商企业等向投资者发行，通常采用整数面值。债券承诺按一定利率支付利息并按约定条件偿还本金，具有法律效力。债券购买者或投资者与发行者之间是一种债权债务关系，债券发行人即债务人，投资者（债券购买者）即债权人。债券一般是在指定的时刻进行兑现，主要是为债务人（企业或政府）募集资金。

在金融市场发达的国家和地区，债券可以上市流通。在我国，比较典型的政府债券是国库券。由于债券的利息通常是事先确定的，所以债券是固定利息证券（定息证券）的一种。一般情况下，债券是一种低风险的金融产品。

例 1.12　假设 16 周国库券以 8.5% 的贴现收益率出售，试计算面值为1000000 元这种债券的当前认购价格。

解：　未到期天数 112 天，于是认购价格为

$$1000000 \times \left(1 - 0.085 \times \frac{112}{365}\right) \approx 973917.81 \text{ 元}$$

股票作为股东证明其所入股份的一种有价证券，它可以作为买卖对象和抵押品，是人们所熟知的一种典型的风险资产投资方式，可以转让、买卖，是资本市场的主要长期信用工具之一。股票属于风险性资产，其风险由投资者自负，高收益必然伴随着高风险。股票的投资组合策略的关键是有效地分散投资，降低整体的投资风险。

期货合约是由期货交易所设计，经国家监管机构审批上市的标准化合约。期货合约可以用来交收现货或进行对冲交易，履行或接触合约义务。期货交易是建立在现货交易的基础上的一种契约交易，所有交易都是在有

组织的期货市场中进行的。期货合约的主要要素一般包括，交易品种、交易数量、单位、最后交易日、涨跌停板、交割时间等，不同交易品种的期货合约构成的要素基本相同，但具体内容有所差异。

期权则是一种选择权，期权的买方向卖方支付一定额度的保证金后，便获得了这种权利。期权赋予买方在一定时间期限内以一定的价格出售或者购买一定数量的某种实物商品、证券或期货合约的权利。当买方行使权利时，卖方必须按期权合约要求履行，同样，买方也可以放弃行使权利，此时其只损失保证金，而卖方则赚得保证金。通俗来讲，期权就是有"权"不用，过期作废。期权合约在尚未到期时的任何时间点都可以作为标的物进行买卖。

人寿保险是一种越来越被老百姓重视的投资品，是以被保险人人身的特定情形为保障对象的一种保险。被保险人接受保险条款并支付保险费用，保险人承担被保险人的生存或者死亡的风险，当发生保险事故时，保险人支付保险金。

在后面的章节中，我们将对货币、债券、风险资产、期货、期权和人寿保险，以及相关投资组合及定价的具体量化模型一一进行分析。

第 2 章 无风险资产

通俗来讲，具有确定的收益率，且没有任何风险（或风险非常小）的资产，即具有一定保障而不承担任何风险的资产可称为无风险资产。前面提到的银行定存、余额宝、理财通等产品，银行保本理财产品、债券、国债等都是典型的无风险资产。从数理统计的角度来看，无风险资产是指投资收益的方差（或标准差）为零的资产。无风险资产的收益与其收益率以及时间有着密切的联系，因此关于此类资产的时间价值成为本章重点讨论的内容。

2.1　货币的时间价值（Time Value of Money）

正如我们所了解，100 元货币的价值会随着时间的推移而减少。换句话说，100 元货币的价值是关于时间的递减函数，即在下一年它将不再值现在的 100 元。那么，现在一定量的货币将来的积累值是多少呢？而将来一定量的货币现时值又是多少呢？

> 讨论两个问题：①为什么你存款时银行要支付利息给你，而你向银行贷款时也要向银行支付利息？②都是支付利息，为什么两者的差异如此"巨大"？

与货币的时间价值相联系的是**现值**（current value 或 present value）和**将来值**（future value）。现值是指将来得到或支付的某笔资金在今天的价值，将来值是指今天得到或支付的某笔资金在将来某时刻的价值。计算现值的过程称作**贴现**（discounting）计算，计算将来值的过程称作**复利**（compounding）计算。

现值的计算是用现时利率对每笔未来到期支付进行贴现，这个利率是假设今天收到某笔资金可以贷出的利率。常见的贴现应用有对于其未来收益和本金偿付进行贴现得到的债券价值和通过股息贴现模型得到的股票价值。

金融资产价值分析是计算资产的预期未来现金流的现值。有些金融工具，比如期货合约和远期合约，是用某笔资金的将来值来定价，货币将来值的计算是把未来到期时所有的利息支付加总而得到的。

若现值 $V(0)$ 与将来值 $V(t)$ 具有如下关系

$$V(t) = \rho V(0) \text{ 或 } V(0) = \rho^{-1} V(t)$$

则称 ρ 为积累因子（growth factor），ρ^{-1} 称为贴现因子（discount factor）。例如，若 $V(t) = e^{rt} V(0)$，则积累因子为 e^{rt}，贴现因子为 e^{-rt}。

2.1.1　单利（Simple Interest）

考虑某一现金投资，其中初始总资产 $V(0) = P$，称为本金（principal），在 $t = 0$ 时刻存入银行收益利息。该投资的将来值 $V(t)$ 为在 $[0, t]$ 时间段内本利和，那么在时刻 t，其回报率为

$$K(t) = \frac{V(t) - V(0)}{V(0)}$$

从而，现值 $V(0)$ 的将来值 $V(t)$ 为

$$V(t) = V(0) + K(t) V(0) = [1 + K(t)] V(0)$$

并且，将来值 $V(t)$ 的现值 $V(0)$，可表示为

$$V(0) = \frac{V(t)}{1 + K(t)}$$

在时间段 $[0, t]$ 内生成的利息为

$$V(t) - V(0) = K(t) V(0)$$

如果 $K(t) = rt$，那么我们就称 $K(t)$ 为单利率（simple interest rate），其中 r 为年利率。在单利模型中，投资本金 $V(0)$，在 t 时刻的价值为

$$V(t) = (1 + rt) V(0)$$

图 2-1 直观地表示出 $V(0)$ 与 $V(t)$ 之间的线性关系

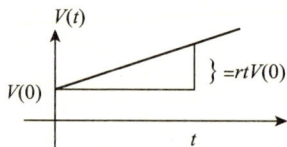

图 2-1

因此，经过时间段 $[0, t]$ 所生成的利息为 $rtV(0)$。更一般地，每天生成的利息为 $\dfrac{r}{365}V(0)$，进而 n 天生成的利息为 $\dfrac{n}{365}rV(0)$。

显然，单利模型具有易于计算的数学优势，但并不一定可以让你获得更多的收益。例如，在一个单利模型中，一个人以 12% 年利率进行投资 1200 元，那么，两个月产生的利息为 $\dfrac{2}{12} \cdot 0.12 \cdot 1200 = 24$ 元。然而，若按下面介绍的复利方法计算，这个人可以获得更多的利息，即

- 在第一个月末取出本金和所生成的利息；
- 然后把取出的钱再全部存入银行，作为第二月初的本金。

因此，按照这种方法，在第二个月末，我们可以得到的本利和为

$$\left(1 + \frac{0.12}{12}\right) \cdot \left(1 + \frac{0.12}{12}\right) \cdot 1200 = 1224.12$$

由此我们可以看出，相同的本金，在相同的时间段内，复利投资的方式比单利情形下可以多赚 0.12 元。

用 r 表示年利率（annual interest rate），经过一个单位时间段 $[0,1]$（1 年）后，投资本金 $V(0)$ 将产生利息 $rV(0)$，并且在时刻 $t=1$ 的本利和为

$$V(1) = (1 + r)V(0)$$

如果在 $t=1$ 时，我们将已经收益的利息作为本金，再用于投资，它将继续产生利息，那么在 $t=2$ 时的本利和为

$$V(2) = (1 + r)V(1) = (1 + r)^2 V(0)$$

一般地，如果将每个单位时间段获得的利息都作为下一个时间段的本金进行投资，从而获取利息收入，那么，在 n 个时间段后，即 $t=n$ 时，我们可以得到的本利和为

$$V(n) = (1 + r)^n V(0) \tag{2.1}$$

从上面推导的式子我们可以看出：$(1 + r)^n$ 为积累因子，它是呈几何增长的，而 $(1 + r)^{-n}$ 则为贴现因子。由二项式展开定理，我们知道 $(1 + r)^n > 1 + rn$，这就是说，对一个投资者来讲，复利的积累因子 $(1 + r)^n$ 比单利的积累因子 $1 + rn$ 可以为投资者带来更多的收益。

实际上，单利只用于短期投资以及特定类型的贷款和存款，用它来描述长期的货币价值是不适用的。在多数情况下，已经获得的利息可以再投资生产更多的利息，产生的收益比也更多。

2.1.2 周期性复利（Periodic Compounding）

许多金融交易中，复利计算的频率比每年一次要多，例如，利息支付经常是按季度或月度加到存款本金中，这样将来值就会大得多，因为按更短的时间计算利息加到本金中，利息本身也就更早地获得利息。

为了计算计息频率多于每年一次的复利计算，需对（2.1）式加以改进。假设现在有一笔资金 $V(0)$ 存入银行以获得利息收益，银行存款的年利率为 r，在这里 r 是大于零的固定值。若每年的计息次数为 m 次，那么，我们将单利模型的算法应用于每一计息期，并且每一期的利息都将作为下一期的本金进行再次投资。因此，我们可以得到如下一系列的本利和公式

$$V\left(\frac{1}{m}\right) = \left(1 + \frac{r}{m}\right)V(0)$$

$$V\left(\frac{2}{m}\right) = \left(1 + \frac{r}{m}\right)^2 V(0)$$

$$V\left(\frac{n}{m}\right) = \left(1 + \frac{r}{m}\right)^n V(0)$$

更近一步，我们可以看到 t 年后这笔资金投资的本利和为

$$V(t) = \left(1 + \frac{r}{m}\right)^{tm} V(0) \tag{2.2}$$

其中，$\left(1 + \frac{r}{m}\right)^{tm}$ 为积累因子。

还以前面的例子为例，某人以 12% 年利率投资 1200 元，按单利计算，一年后他（她）可以得到利息为 144 元；若按一年 12 次的周期性复利计算，一年后的利息为 152.19。可以看出从以年的单利计息转换成以月的周期性复利计息，将会得到更大的收益。

不断增加 m，即越来越频繁地计息，会导致 $V(t) = \left(1 + \frac{r}{m}\right)^{tm} V(0)$ 的不断增加。然而，由极限的知识，我们知道 $V(t)$ 无限增加是不可能的，最终会达到多少呢？后面我们将引入连续复利（continuous compounding）来分析这种情况，先看下面这个周期性复利计算的例子。

例 2.1 已知年利率为 5%，若按日计息的周期性复利（compounded daily）计算，需要多长时间本金能够增长为原来的 3 倍？

解：假设需要 t 年才能够将本金增长为原来的 3 倍，即 $V(t) = 3V(0)$，并且知道积累因子为 $\left(1 + \dfrac{0.05}{365}\right)^{365t}$，则有

$$3V(0) = \left(1 + \frac{0.05}{365}\right)^{365t} V(0)$$

等式两边同取对数，可得

$$\ln 3 = 365t \ln\left(1 + \frac{0.05}{365}\right)$$

由此解得 $t \approx 21.97375$ 年，约为 21 年 356 天。

命题 2.1　在其他条件不变的情况下，如果参数 m, t, r 中任一个增大，则积累因子 $\left(1 + \dfrac{r}{m}\right)^{tm}$ 也增大。

这个命题可以采用数学的方法来证明，这里我们从略。其实，这个结论由我们的常识就可以很容易的得到。比如，计息次数越多，会导致积累因子越大；而利率越大，同样会引发积累因子的增大。

例 2.2　银行开设两种投资理财，第一种按年利率为 11.8% 的日计息的周期性复利计息，第二种按年利率为 12% 的半年计息一次的周期性复利计息。现在，某人准备投资 1000 元，请问上述哪种理财在一年后使得此人获得更高的将来值，即收益更大？

解：事实上，由于本金相同，我们只需要比较两个积累因子

$$G = \left(1 + \frac{0.118}{365}\right)^{365} \text{ 和 } g = \left(1 + \frac{0.12}{2}\right)^{2}$$

由于 $G \approx 1.1252$ 和 $g = 1.1236$，因此虽然第一种理财项目的年利率较低，但通过计算，我们看到一年后第一种理财项目会有更高的将来值。

下面我们将逐一讨论几种特殊的利率问题。

2.1.3　货币现值（Current Value 或 Present Value）

我们已经知道某笔资金的现值小于这笔资金在将来某个承诺到期时的价格，即使在无风险情况下也是如此。这是因为这笔资金可以投资获取无

风险利率，所以它在承诺到期时的价值就会增长。实际上，我们生活在充满风险的世界中，有很多与对未来某笔资金的价值承诺有关的不确定性，比如通货膨胀以及承诺者拒绝偿付的风险。

为了能对未来不同时刻到期的不同现金流价值进行比较，需要把未来现金流贴现成它们的现值。现值（present value）是这样一种价值：如果按现时可得到的利率进行投资，到承诺支付日会得到和承诺价值相同的将来值。

许多金融交易，即使是短期的，也使用复利模型进行贴现。因此为了把未来现金流贴现成现值，用（1 + 用小数表示的贴现率）为底，幂指数为现金流到期的期限年数，去除现金流，可以表示为

$$V(0) = \frac{V(t)}{(1 + r)^t}$$

假设 5 年后可取的一笔收入为 1000 元，市场上对这种支付的现时贴现率为每年 10%，那么这笔收入的现值是 $V(0) = \frac{V(t)}{(1 + r)^t} = \frac{1000}{1.10^5} \approx 620.92$ 元。

如果贴现频率大于每年一次，就用每年的贴现次数除 r，并用该次数乘以时间长度 t，使用和复利计算相同的符号，公式表示为

$$V(0) = \frac{V(t)}{\left(1 + \dfrac{r}{m}\right)^{tm}}$$

前面的例子，若改为每年贴现 4 次，那么 5 年后的 1000 元的现值为

$$V(0) = \frac{V(t)}{\left(1 + \dfrac{r}{m}\right)^{tm}} = \frac{1000}{\left(1 + \dfrac{0.1}{4}\right)^{20}} \approx 610.27$$

注：对于固定投资的最终价值 $V(t)$，命题 2.1 的一个直接结论是，如果其他参数保持不变，而参数 m, t, r 中的一个或多个减少，则现值增加（可利用函数与反函数的单调性进行思考）。

2.1.4　抵押贷款（Mortgage Financing or Loan）

抵押贷款的特征之一就是在给定利率情况下，在抵押期内周期性地进行等额支付。如果是浮动利率抵押贷款，利率周期性地改变，周期性支付值随利息改变而变化，但在利率调整期间支付是固定不变的。周期性（通

常是月度）支付包括本金和利息支付。在抵押的初期，本金值最大，月度支付额主要是利息支付，包含较小比例的本金支付。随着本金的减少，用于偿还本金的比例增加。每次利率变化时，都需要重新计算包含利息和抵押期剩余本金支付在内的周期性支付。

为了说明这个问题，我们按照每年等额支付的方式，偿付 20 年期年利率为 10%（年复利）的抵押贷款 10 万元的情形为例。

债务开始的第一年，本金和利息是 10 万元乘以复利因子 1.10。债务余额会随着每年偿还而减少，如果假设支付额度为 X，那么在第二年初的债务额是 $100000 \times 1.10 - X$。

进行同样推理，在第三年初债务余额是

$$(100000 \times 1.10 - X) \times 1.10 - X = 1000000 \times 1.10^2 - 1.10X - X$$

如果重复上述过程 20 次，就可以得到第 21 年初的债务表达式，我们令其等于零，即有

$$100000 \times 1.10^{20} - 1.10^{19}X - 1.10^{18}X - \cdots - 1.10X - X = 0$$

简要复习一下有关等比数列求和的两个公式

如果 $x \neq 1$，则有 $a + ax + ax^2 + \cdots + ax^n = \dfrac{a - ax^{n+1}}{1 - x}$

如果 $|x| < 1$，则有 $a + ax + ax^2 + \cdots + ax^n = \dfrac{a}{1 - x}$

依据上面给出的等比数列求和公式可得

$$100000 \times 1.10^{20} - 57.275X = 0$$

解得 $X = 11745.96$

设贷款年利率为 r，贷款额度为 $V(0)$，还款时间为 n 年，以每年等额支付的方式进行偿还，那么每年需要偿还额度的计算公式为

$$X = \frac{V(0)(1 + r)^n r}{(1 + r)^n - 1} \tag{2.3}$$

当然，许多抵押贷款支付是月度支付而不是年度支付，计算时，把年利率转化成等价的月利率（$(1 + C)^{12} = 1 + r$）的同时，将偿还次数用 $12 \times$ 偿付年期替代即可。

因此月度抵押支付的一般公式表示为

$$X = \frac{V(0) \cdot (1 + C)^{12n} C}{(1 + C)^{12n} - 1} \tag{2.4}$$

2.1.5　年金（Annuity）

年金一般是指以相等的时间间隔进行的一系列收付款行为，也指以固定的时间周期以相对固定的方式发生的现金流，是持续按期收取的定额款项。年金的现实形式/具体形式有：养老金的分期付款、按揭贷款的分期付款和某些固定收益产品投资的定期固定回报收入等。有时将年金的按期收付款金额简称为年金金额。通常所说的确定年金指无条件确定发生的年金；而未定年金指年金的发生是有条件的，不确定的。这里我们只考虑确定年金。

在抵押贷款情形下，顾客在抵押期初得到资金，而在抵押期支付一系列小的现金流以偿付这笔资金。但是在年金情况下，现金流反向流动，顾客最初进行一笔支付，在年金期得到一系列小的现金流。

一般情况下，考虑的现金流的金额与利率无关，但现金流在不同时刻的时间价值与利率水平有关。而且，大多数情况下，年金现金流是许多复杂现金流的基础，是利率计算的最直接的一种应用。

假设年利率为 r，从第一年末开始每年付款额为 C 的 n 年期年金的现值是

$$\frac{C}{1 + r} + \frac{C}{(1 + r)^2} + \cdots + \frac{C}{(1 + r)^n} = \frac{1 - (1 + r)^{-n}}{r} C$$

另 $PA(r,n) = \frac{1 - (1 + r)^{-n}}{r}$，我们将其称为年金现值因子。显然，$\lim\limits_{n \to \infty} PA(r,n) = \frac{1}{r}$，即为永久年金的现值因子。实际上，年金可以分为不同的两种永久年金，一种为从现在开始，一直进行下去的永久年金；另一种为 n 年期年金（即永久年金只考虑前 n 年的情形，也就是我们通常所说的年金）。因此年金的现值因子与其对应的永久年金的现值因子是不相同的

$$PA(r,n) = \frac{1}{r} - \frac{1}{(1 + r)^n} \frac{1}{r} = \frac{1 - (1 + r)^{-n}}{r} \tag{2.5}$$

在我们的现实生活中，年金比永久年金使用的更多。

例2.3　对一项 20 年期，年支付 10000 元的年金，若年利率为 $r =$

5%，请问现在需要存入多少钱？

解：为了得到年金的现值，我们需要先计算其现值因子

$$PA(0.05,20) = \frac{1 - (1 + 0.05)^{-20}}{0.05} = 12.46221034$$

因此，现在需要存入 $10000 \cdot PA(0.05,20) = 124622.10$ 元。

例 2.4　（债务偿还 Repayment of a Debt）假设现在有一份价值 10000 元的贷款，按年分期付款，10 年还清这份贷款，每次偿还金额相等。若年利率为 $r = 15\%$，那么每年需要还多少钱？

解：设每年偿还金额为 C，则有 $PA(0.15,10) \cdot C = 10000$。并且，由于 $PA(0.15,10) = \dfrac{1 - (1 + 0.15)^{-10}}{0.15} = 5.018768626$，我们可以得到 $C = \dfrac{10000}{PA(0.15,10)} \approx 1992.52$ 元。因此只需要每年偿还 1992.52 元，那么 10 年就可以还清此项贷款。

从贷款人的角度看，这种贷款等价于年金。

永久年金：每年末支付常量 C 的一系列没有到期日的现金流。若年（复）利率为 r，则第 n 年末获付款 C 的现时值为：$\dfrac{C}{(1 + r)^n}$

因此永久年金的现值为

$$\frac{C}{1 + r} + \frac{C}{(1 + r)^2} + \frac{C}{(1 + r)^3} + \cdots = \frac{\dfrac{C}{1 + r}}{1 - \dfrac{1}{1 + r}} = \frac{C}{r} \qquad (2.6)$$

例 2.5　假设现在有一笔永久年金，年支付 10000 元，若年利率 $r = 5\%$，那么现在需要投资多少？20 年后 10000 元的现值又是多少？（请与前面例 2.3 的结论相比较）

解：根据前面推导的永久年金的现值计算公式（2.6）可以得到，现在需投资 $\dfrac{10000}{0.05} = 200000$ 元。在 20 年后所得的 10000 元，其现值为

$\dfrac{10000}{(1+0.05)^{20}} \approx 3768.89$。显然这项永久年金的现值比例 2.3 中的多支付 75377.90 元。

例 2.6 假设一笔 20 年期、年支付 10000 元的年金，前 5 年的年利率为 $r=5\%$，从第 6 年开始年利率为 $r=6\%$，那么此项年金的价格是多少？

（解答由读者自行完成）

一般地，一笔年金的付款额依时间为一个序列 $C_1, C_2, C_3, \cdots$，那么这笔永久年金的现值为

$$\dfrac{C_1}{1+r} + \dfrac{C_2}{(1+r)^2} + \dfrac{C_3}{(1+r)^3} + \cdots$$

若 $\{C_i\}$ 是一个具有特殊形式的序列，那么，我们就可以将上述级数进行数学的分析整理。比方说，令 $C_i = C + (i-1)c, i = 1,2,3,\cdots$，即序列 $\{C_i\}$ 是一个等差数列，则我们通过整理，有如下结论

$$\dfrac{C}{1+r} + \dfrac{C+c}{(1+r)^2} + \dfrac{C+2c}{(1+r)^3} + \dfrac{C+3c}{(1+r)^4} + \cdots = \dfrac{C}{r} + \dfrac{c}{r^2} \qquad (2.7)$$

知识回顾

这里主要利用公式：若 $|x| < 1$，则

$$a + 2ax + 3ax^2 + 4ax^3 + \cdots = \dfrac{a}{(1-x)^2}$$

思考题

2.1.1 在例 2.6 中，已分期付款 5 年，若在第 6 年末全部付完剩余贷款，需要付多少？（提示：需要付第 6 年的偿还额 C 和其余 4 年的偿还额贴现到第 6 年末的值；例如，第 7 年末的偿还额贴现到第 6 年末为 $\dfrac{C}{1+r}$）

2.1.2 有一项 25 年期年金，在每年年末获得付款 30000 元，若年利率 $r=6\%$，现在需存入多少元？

2.1.6 连续复利 (Continuous Compounding)

回忆前面所提到的，假设当前有一笔 $V(0)$ 元的本金要存入银行以获

取利息，银行的固定年利率为 r（$r>0$），每年含有 m 个复利结算周期，在每一结算周期内利息计算使用单利模型，换句话说，对这笔资金实行周期性复利计息，则 t 年后的本利和为

$$V_m(t) = \left(1 + \frac{r}{m}\right)^{tm} V(0)$$

令复利结算的周期数 $m \to \infty$，我们根据数学中极限的相关知识和公式 $e = \lim\limits_{x \to \infty}\left(1 + \frac{1}{x}\right)^x$，可得到如下结论

$$V(t) = \lim_{m \to \infty} V_m(t) = \lim_{m \to \infty}\left(1 + \frac{r}{m}\right)^{tm} V(0) = e^{rt} V(0) \qquad (2.8)$$

上式即为，年利率 $r>0$ 时，本金 $V(0)$ 在连续复利情况下的将来值。

可以看到年利率为 r 的连续复利经过时间段 $[0, t]$ 后，其积累因子为 e^{rt}，图 2-2 表示为相应的将来值 $V(t)$。

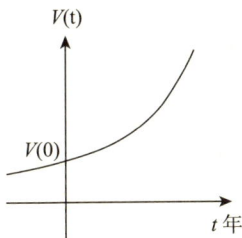

图 2-2

其实，连续复利可以看作是周期复利计息的极端情况，即可以认为计息期频率无穷大以至于支付的利息被不间断地增加到本金中，因此导致本金呈指数增长。很多金融理论中都用到连续复利假设，期权定价模型中也使用了连续复利。另外，把具有不同计息频率的利率转化成相应的连续复利也便于利率间的比较。

例 2.7　若年利率为 $r = 5\%$，利用连续复利计算需要多长时间本金能够增长为原来的 3 倍？

解： 设经过 t 年，本金能够增长为原来的 3 倍，即 $V(t) = 3V(0)$，那么，根据连续复利计算式（2.8），有

$$3V(0) = e^{0.05t} V(0)$$

解得

$$t = \frac{\ln 3}{0.05} \approx 21.97225$$

换句话说，t 为 21 年 355 天。

与例 2.1 相比较，相同条件下，要得到相同收益，连续复利比按日计息的周期复利少用一天。

命题 2.2 对于给定的本金和年利率，连续利率情形下的将来值高于任何周期性复利情形下的将来值。

证明： 对于任意 $m \geq 1$，$0 \leq t$，我们只需证明

$$e^{rt} > \left(1 + \frac{r}{m}\right)^{tm}$$

而上式显然成立。

若年利率为 r，连续复利在经过时间段 $[0, t]$ 后的贴现因子为 e^{-rt}，即有

$$V(0) = e^{-rt}V(t)$$

若给定的将来值 $V(T)$，则 $V(0) = e^{-rT}V(T)$，因此我们可以知道

$$V(t) = e^{rt}V(0) = e^{rt}e^{-rT}V(T) = e^{-r(T-t)V(T)} \tag{2.9}$$

这里，因子 $e^{-r(T-t)}$ 被称为连续复利在时间段 $(t, T]$ 内的贴现因子，即 $V(T)$ 在 t 时刻的现值。

例 2.8 假设某人将在 25 年后获得一笔 1000000 元的资金。

(1) 若年利率为 5%，请利用连续复利计算这笔资金的现值为多少？

(2) 若年利率为 5%，请利用连续复利计算，从现在开始，5 年后这笔资金的现值为多少？

解： 令 $V(T) = 1000000$，$T = 25$

(1) $V(0) = e^{-rT}V(T) = e^{-0.05 \times 25} \times 1000000 = 287227.34$

(2) 在时间段 $(5, 25]$ 内的贴现因子为 $e^{-0.05(25-5)} = e^{-1}$。因此，根据 (2.9) 式，我们可以得到

$$V(5) = e^{-r(25-5)}V(25) = e^{-1} \cdot 1000000 \approx 367879.44$$

对等式 $V(t) = e^{rt}V(0)$ 两边求导数，可得

$$V'(t) = re^{rt}V(0) = rV(t)$$

因此，我们可以看到，在连续复利情形下，将来值的变化率与将来值依利率成正比。

下面的命题告诉我们，上述命题的逆命题仍然成立。

命题 2.3　设固定年利率为 r，若对于任意 $t \geqslant 0$，都有 $V'(t) = rV(t)$，则总有

$$V(t) = e^{rt}V(0)$$

证明：将微分方程 $V'(t) = rV(t)$ 重新整理（分离变量），记为

$$\frac{dV}{V} = rdt$$

等式两边同时对 t 求积分，我们可以得到

$$\ln|V(t)| = rt + C（其中 C 为常数）$$

从而

$$V(t) = Ae^{rt}$$

将 $t=0$ 代入上式，显然有 $A=V(0)$。因此，$V(t) = e^{rt}V(0)$，该命题得证。

下面我们考虑利率随时间变化的情形。假设利率 $r(t)$ 为 $[0,\infty)$ 内的非负连续函数，由于积累值的变化率与积累值成比率（在连续复利的假设条件下），则我们有

$$V'(t) = r(t)V(t)$$

为了求解上述方程，我们将其重新书写为

$$\frac{dV}{V} - r(t)dt$$

等式两边同时对 t 求积分得

$$\ln|V(t)| = \int_0^t r(s)ds + C$$

进而，我们可以得到如下结论

$$V(t) = \exp\left(\int_0^t r(s)ds\right)V(0) \tag{2.10}$$

在这个模型中，$\exp\left(\int_0^t r(s)ds\right)$ 为时间段 $[0,t]$ 的积累因子，显然

$\exp\left(-\int_0^t r(s)ds\right)$ 为时间段 $[0,t]$ 的贴现因子（易知，若 $r(t) = r$ 为常数，那么 $\exp\left(\int_0^t r(s)ds\right) = e^{rt}$）。对于给定的将来值 $V(T)$，则有 $V(0) = \exp\left(-\int_0^t r(s)ds\right)V(T)$。同时，与前面的分析相类似，我们可以得到如下结论

$$V(t) = \exp\left(\int_0^t r(s)ds\right)V(0) = \exp\left(\int_0^t r(s)ds\right)\exp\left(-\int_0^T r(s)ds\right)V(T)$$

$$= \exp\left(-\int_0^T r(s)ds\right)V(T)$$

因此，若年利率为 $r(t)$，那么连续复利在时间段 $(t,T]$ 内的贴现因子为

$$\exp\left(-\int_0^T r(s)ds\right)$$

例 2.9 某项投资可保证 25 年后你可以得到 1000000 元，假设现在连续复利的利率函数如下

$$r(t) = \begin{cases} 0.05 + \dfrac{t}{1000}, & t \leqslant 10 \\ 0.06, & t > 10 \end{cases}$$

试求这笔资金的现值。

解： 首先，我们需计算贴现因子 $\exp\left(-\int_0^{25} r(t)dt\right)$。事实上，根据积分区间的可加性，指数部分的积分为

$$\int_0^{25} r(t)dt = \int_0^{10}\left(0.05 + \frac{t}{1000}\right)dt + \int_{10}^{25} 0.06\,dt$$

$$= 0.5 + 0.05 + 0.9 = 1.45$$

因此，贴现因子为

$$\exp\left(-\int_0^{25} r(t)dt\right) = e^{-1.45}$$

从而，这笔 25 年后 1000000 元的现值为

$$V(0) = \exp\left(-\int_0^{25} r(t)\,dt\right) \cdot 1000000$$

$$= e^{-1.45} \cdot 1000000 \approx 234570.29$$

提示：请将本题的结果与例 2.8(1) 的结果相比较，由此，你可以得到什么结论？

2.1.7 不同复利计息方法的比较

正如前面例 2.2 一样，比较不同复利计息法的利率大小是有必要的。在一个计息期内，如果两种复利计息法的增长因子相同，则两种方法等价。如果其中一个的增长因子较大，则**增长因子大的计息法更优**。

例 2.10 每半年计息一次的复利 8.08% 与每年计息 4 次的复利 8% 是否等价？

解： 年增长因子分别为

$$\left(1 + \frac{0.0808}{2}\right)^2 = \left(\frac{2601}{2500}\right)^2$$

$$\left(1 + \frac{0.08}{4}\right)^4 = \left(\frac{51}{50}\right)^4 = \left(\frac{2601}{2500}\right)^2$$

因此，两种复利等价。

对于给定的利率 r，存在一个年复利利率与其等价，该年复利利率称为**实际利率**（effective rate）（或称为"有效利率"），用 r_e 表示。换句话说，利率 r 与其实际利率具有相同的增长因子。

命题 2.4 （1）若周期性复利利率为 r，每年计息 m 次，则其实际利率为

$$r_e = \left(1 + \frac{r}{m}\right)^m - 1$$

（2）若连续（年）利率为 r，则实际利率为

$$r_e = e^r - 1$$

（3）若连续年复利利率为 $r(t)$，则在时间区间 $(n, n+1]$ 内的实际利率为

$$r_e = exp\left(\int_n^{n+1} r(t)\,dt\right) - 1$$

证明：此命题的结论可直接得到，故从略。

例 2.11 （1）若按月计息的年名义利率为 10%，求其实际利率值。

（2）若连续复利利率 $r(t)$ 如例 2.9 所定义，求在时间区间 $(1,2]$ 和 $(9,10]$ 内的实际利率值。

解：（1）$r_e = \left(1 + \dfrac{0.1}{12}\right)^{12} - 1 \approx 0.1047 = 10.47\%$

（2）在时间区间 $(1,2]$ 内的积累因子为 $\exp\left(-\displaystyle\int_1^2 (0.05 + \dfrac{t}{1000}) dt\right)$，因此

$$r_e = e^{\int_1^2 (0.05 + \frac{t}{1000}) dt} - 1 = e^{0.05 + 3/2000} - 1 \approx 0.0528 = 5.28\%$$

若连续复利利率为常数 r，考虑每年年末偿还额为 C 的永久年金问题。第 n 年末的偿还额 C 的贴现值为 Ce^{-nr}，因此，永久年金的现值为

$$Ce^{-r} + Ce^{-2r} + Ce - 3r + \cdots = \frac{Ce^{-r}}{1 - e^{-r}} = \frac{C}{e^r - 1}$$

由于 $r_e = e^r - 1$ 为连续复利为 r 的实际利率值，则该永久年金等价于年利率为 $r_e = e^r - 1$，每年末付款额为 C 的一般年金。

类似地，每年末付款额为 C，连续年复利利率为 r 的 n 年期年金的现值为

$$Ce^{-r} + Ce^{-2r} + Ce^{-3r} + \cdots + Ce^{-nr} = \frac{1 - e^{-nr}}{e^r - 1} C \qquad (2.11)$$

货币时间价值面面观

货币时间价值是指货币随着时间的推移而发生的增值，也称为资金时间价值，亦是指当前所持有的一定量货币比未来获得的等量货币具有更高的价值。从经济学的角度而言，现在的一单位货币与未来的一单位货币的购买力之所以不同，是因为要节省现在的一单位货币不消费而改在未来消费，则在未来消费时必须有大于一单位的货币可供消费，作为弥补延迟消费的贴水。

货币时间价值的产生有如下三个原因：

（1）货币时间价值是资源稀缺性的体现。经济和社会的发展要消耗社会资源，现有的社会资源构成现存社会财富，利用这些社会资源创造出来的将来物质和文化产品构成了将来的社会财富，由于社会资源具有稀缺性特征，又能够带来更多社会产品，所以现在物品的效用要高于未来物品的效用。在货币经济条件下，货币是商品的价值体现，现在的货币用于支配现在的商品，将来的货币用于支配将来的商品，所以现在货币的价值自然高于未来货币的价值。市场利息率是对平均经济增长和社会资源稀缺性的反映，也是衡量货币时间价值的标准。

（2）货币时间价值是信用货币制度下，流通中货币的固有特征。在目前的信用货币制度下，流通中的货币是由中央银行基础货币和商业银行体系派生存款共同构成，由于信用货币有增加的趋势，所以货币贬值、通货膨胀成为一种普遍现象，现有货币也总是在价值上高于未来货币。市场利息率是可贷资金状况和通货膨胀水平的反映，反映了货币价值随时间的推移而不断降低的程度。

（3）货币时间价值是人们认知心理的反映。由于人在认识上的局限性，人们总是对现存事物的感知能力较强，而对未来事物的认识较模糊，结果人们存在一种普遍的心理就是比较重视现在而忽视未来，现在的货币能够支配现在商品满足人们现实需要，而将来货币只能支配将来商品满足人们将来不确定需要，所以现在单位货币价值要高于未来单位货币的价值，为使人们放弃现在货币及其价值，必须付出一定代价，利息便是这一代价。

货币市场由无风险有价证券构成，无风险有价证券也称为固定收益产品，主要包括：债券、优先股、抵押支持债券和资产支持债券等。作为金融产品价值分的起点，一般都会选择固定收益产品进行讨论，下面一节我们将主要介绍债券。

思考题

2.1.3　求解例 2.8（1）。

2.1.4 在例 2.9 中，求第 5 年末的积累值（现时刻记为 $t=0$ 时刻）。

2.1.5 求解例 2.11（2）。

2.2 债券（Bond）

如果说货币是商品的话，那么利率就是货币商品的成本。货币（资本）支持着各种各样的农业和工业建设，如公路、学校、机场、医院、工厂、电信网络、能源企业、钢铁、实验室等。一般情况下，这些资本都是借入的，这就引出了债券市场。在美国国内有许多种类的债券，如美国政府债券、公司债券和市政债券（由城市、州、医院等发行）。一个有效率的货币市场应该是一个具有广度、深度和弹性的市场，其市场容量大，信息流动迅速，交易成本低，交易活跃且持续，能吸引众多的投资者和投机者参与。货币市场由同业拆借市场、票据贴现市场、可转让大额定期存单市场和短期证券市场四个子市场构成。

货币市场（money market）由无风险（更精确的说法是无违约）资产构成。例如债券，它是一种金融证券，承诺对持有者支付有保障的未来的支付序列。无风险意味着这些到期支付具有确定性（不过，在这种情况下，风险还是不能完全避免，因为这些证券的市场价格的波动不可预测）。债券的种类很多，例如，短期国债和中期国债、国库券、抵押贷款和公司债券、商业票据以及有各种各样特殊约定的其他债券，这些约定涉及发行机构、存续期、支付数量、嵌入的权利和担保等。

债券作为一种重要的融资手段和金融工具具有以下四项特征：

（1）偿还性。债券一般都规定有偿还期限，发行人必须按约定条件偿还本金并支付利息，或者按票面价格兑付债券。

（2）流通性。债券一般都可以在流通市场自由转让。

（3）安全性。与股票相比，债券通常规定有固定的利率。与企业绩效没有直接联系，收益比较稳定，风险较小。在企业破产时，债券持有者享有优先于股票持有者对企业剩余资产的索取权。

（4）收益性。债券的收益性主要表现在两个方面：一是投资债券可以给投资者定期或不定期地带来利息收入；二是投资者可以利用债券价格的变动，买卖债券赚取差额。

2.2.1　零息债券（Zero – Coupon Bonds）

债券的最简单形式是一次性支付，称为零息债券，是指发行机构（银行、企业或政府）承诺在某一特定时间 T（称为到期日 maturity date）按面值一次性支付本利的债券，或者说是按面值（face value）赎回该债券。零息债券在 20 世纪 80 年代以政府的短期国债形式出现，以贴现方式发行，不附息票。零息债券的期限可达一年，面值通常为整数。债券可以在市场上买卖，买方以支付货币的方式从发行方获得债券。例如，面值为 100 元的一年期债券现在卖 95 元。如果投资者以 95 元购买该债券，则一年后可凭此债券从发行方得到 100 元。在某些情况下，零息债券也称为累积债券，即将本金和累积利息在兑现时一次付清。

零息债券是一种较为常见的金融工具。但是，税法的变化影响了市场对它的热情。零息债券不支付息，如同财政储蓄债券一样，按票面进行大幅折扣后出售。债券到期时，"利"就是债券面值减去购买价格。零息债券的波动性非常大，另外一个不吸引人的地方：投资者的零息债券投资不会获得现金形式的利息收入，但在有些国家仍要列入投资者的应纳税收入中。

零息债券发行时按低于票面金额的价格发行，而在兑付时按照票面金额兑付，其利息隐含在发行价格和兑付价格之间。零息债券的最大特点是避免了投资者所获得利息的再投资风险。零息债券是不派息的债券，投资者购买时可获折扣（即以低于面值的价格购买），在到期时收取面值。由于这些特性，零息债券对利率的改变特别敏感。一般而言，债券价格与利率变动呈反比关系。随之而来的问题便是，当前债券公平合理的价格是多少呢？

假设现有面值为 F 的一年期零息债券，年利率为 r。那么，根据无套利原理，则该债券的现值为

$$V(0) = \frac{F}{1 + r} \tag{2.12}$$

利率 r 可根据债券面值 F 和债券市场价格 $V(0)$ 得到，即

$$r = \frac{F}{V(0)} - 1 \tag{2.13}$$

事实上，由于债券可以在市场上自由交易，那么利率便是债券市值的函数。

例 2.12 如果某一股面值为 100 元的一年期债券以 95 元的市场价格进行交易，那么这将意味着年利率为

$$r = \frac{F}{V(0)} - 1 = \frac{100}{95} - 1 = \frac{1}{19} \approx 5.26\%$$

与其他资产一样，一股面值为 F，期限为 T 的债券，可以在到期日前的任何时刻出售。我们用 $F(t,T)$ 表示 t 时刻该债券的市场价格。显然，$F(T,T) = F$，而 $F(0,T) = V(0)$，即为在 $t = 0$ 时刻债券的价格。对于任意 $0 \leqslant t \leqslant T$，令

$$B(t,T) = \frac{F(t,T)}{F}$$

这里 $B(t,T)$ 为时间区间 $(t,T]$ 内的贴现因子。从如下命题，我们可以发现利率是能够由贴现因子 $B(t,T)$ 所确定。

命题 2.5 （1）年利率 r 可由 $(1 + r)^{-(T-t)} = B(t,T)$ 求得。

（2）周期性复利的计息次数 m 和利率 r 满足

$$\left(1 + \frac{r}{m}\right)^{-m(T-t)} = B(t,T)$$

（3）连续复利的利率 r 由 $e^{-r(T-t)} = B(t,T)$ 求得。

（4）连续复利的利率 $r(t)$ 满足

$$\exp\left(-\int_t^T r(s)\,ds\right) = B(t,T)$$

例 2.13 一位投资者以 94 元购买一张面值为 100 元，期限为 8 个月的零息债券。若利率保持固定不变，请问，何时该债券的价值为 99 元？

解： 8 个月即为 $\frac{2}{3}$ 年，根据题目可得，$B(0,T) = \frac{94}{100}$，此式将用来计算利率值。假设在 t 时刻债券的价值为 99 元，那么我们知道 $B(t,T) = \frac{99}{100}$，利用此式我们可以找到 t 时刻具体是多少。

接下来，我们假设 r 为固定的连续复利利率，则有

$$e^{-r(2/3-0)} = B(0,T) = 0.94 \quad \text{和} \quad e^{-r(2/3-t)} = B(t,T) = 0.99$$

由第一个等式解出 r，再代入第二个等式，可得 $t \approx 0.558$ 年。换句话说，大约在 6 个月 21 天时，此零息债券的价值为 99 元。

注意： 由上例中的债券计算出的年利率、半年期利率和连续复利利率分别为 $\left(\dfrac{50}{47}\right)^{\frac{3}{2}}-1$，$2\left(\dfrac{50}{47}\right)^{\frac{3}{4}}-2$ 和 $\dfrac{3}{2}\ln\dfrac{50}{47}$。我们可以很容易地证明上述利率等价，即它们具有相同的有效利率！

零息债券的特点：①以低于面值的贴现方式发行，由其发行贴现率决定债券的利息率；②兑付期限固定，到期后将按债券面值还款，形式上无利息支付问题；③收益具有先定性，对于投资者具有一定的吸引力；④在税收上具有一定优势，按照许多国家的法律规定，此类债券可以避免利息所得税。

2.2.2　息票债券（Coupon Bonds）

息票债券，是指利息按期（一年/半年/季）支付，而面值和最后一期利息在到期日支付的债券。换句话说，息票债券就是定期支付利息并最终收回本金的债券，其中息票是债券认购者定期向债券发行者领取利息的凭证，常附在债券上，有时也称之为附息债券。在债券券面上附有息票的债券，或是按照债券票面载明的利率及支付方式支付利息的债券。息票上标有利息额、支付利息的期限和债券号码等内容。持有人可从债券上剪下息票，并据此领取利息。附息债券的利息支付方式一般会在偿还期内按期付息，如每半年或一年付息一次。

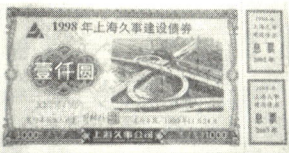

图 2-3　1998 年上海久事建设债券

例 2.14　现在我们有一张 5 年期面值 $F=100$ 元的债券，每半年偿还一次票息 $C=3$ 元，最后一次票息在到期日支付。若连续复利利率 $r=8\%$，请思考如下问题：

（1）求该债券的当前价格。

（2）求在 $t=2.25$ 年时债券的价值。

（3）绘出债券价值与时间的函数关系图。

解： (1) 各期偿付额的现值可用下图表示：

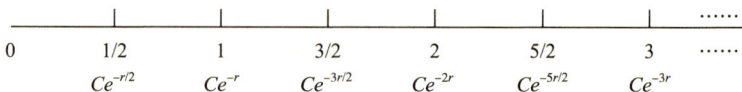

图 2 - 4

债券的价值为所有偿还额现值的和，即

$$V(0) = Ce^{-r/2} + Ce^{-r} + Ce^{-3r/2} + \cdots + Ce^{-5r} + Fe^{-5r}$$

$$= \frac{C(1 - e^{-5r})}{e^{r/2} - 1} + Fe^{-5r} \approx 91.27$$

(2) 在 $t = 2.25$ 年时，前 4 次票息已兑现。因此在 $t = 2.25$ 时，债券的价值为剩余偿还额在该时刻贴现值的和，即

$$V(t) = Ce^{-r(2.5-t)} + Ce^{-r(3-t)} + Ce^{-r(3.5-t)} + \cdots + Ce^{-r(5-t)} + Fe^{-r(5-t)}$$

$$= \frac{C(e^{-2r} - e^{-5r})e^{rt}}{e^{r/2} - 1} + Fe^{-r(5-t)} \approx 96.25$$

(3) 上面的式子可以整理为更加一般化的式子。用 $[x]$ 表示不超过 x 的最大整数。那么，当 $t \leqslant 5$ 时，前 $[2t]$ 次票息已经兑现。因此，债券在 t 时刻的价值为剩余付款在 t 时刻贴现值的和，即

$$V(t) = Ce^{-r([2t]/2+1/2-t)} + Ce^{-r([2t]/2+1-t)} + \cdots + Ce^{-r(5-t)}Fe^{-r(5-t)}$$

$$= \frac{C(e^{-r[2t]}/2 - e^{-5r}e^{rt})}{e^{r/2} - 1} + Fe^{-r(5-t)} = \frac{3(e^{-0.04[2t]} - e^{-0.4})e^{0.08t}}{e^{0.04} - 1} + Fe^{-0.4+0.08t}$$

$V(t)$ 如图所示：

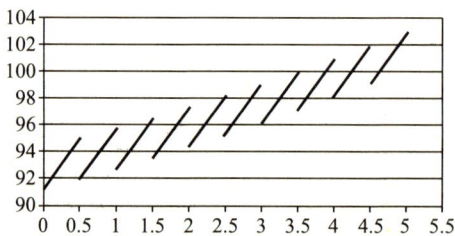

图 2 - 5

我们注意到，由于在 $t = \dfrac{k}{2}$（$k = 1, 2, 3, \cdots, 9$）时刻，票息均已兑现，那么在这些时刻，价格图形呈现跳降。

通常我们习惯于把票息作为面值的一部分进行表示。假定票息按年支付，我们定义票息率为 $i = \dfrac{C}{F}$。在后面的例 2.15 中，我们将看到票息率为 5%，低于年利率 6% 的债券的价格计算。

命题 2.6　若票息按年偿付，则票息率等于年复利利率的充要条件是，债券的价格等于其面值。

在这种情况下我们说债券按面值出售。

证明：假设 n 次付款的现金流为 $C, C, \cdots, C, C + F$，则该债券的现值为

$$
\begin{aligned}
V(0) &= \frac{C}{1+r} + \frac{C}{(1+r)^2} + \cdots + \frac{C}{(1+r)^n} + \frac{F}{(1+r)^n} \\
&= \frac{1-(1+r)^{-n}}{r} C + \frac{F}{(1+r)^n} \\
&= \frac{1-(1+r)^{-n}}{r} iF + \frac{F}{(1+r)^n} \\
&= \frac{i}{r} F + \frac{F}{(1+r)^n} \left(1 - \frac{i}{r}\right)
\end{aligned}
$$

因此，$V(0) = F$ 当且仅当

$$
F = \frac{i}{r} F + \frac{F}{(1+r)^n} \left(1 - \frac{i}{r}\right)
$$

等价地有

$$
F\left(1 - \frac{i}{r}\right)\left(1 - \frac{1}{(1+r)^n}\right) = 0
$$

即 $i = r$。命题得证。

注释：由上述证明过程可知债券的价格为

$$
V(0) = \frac{i}{r} F + \frac{F}{(1+r)^n} \left(1 - \frac{i}{r}\right)
$$

若我们给等式两边同减去 F 可得

$$
V(0) - F = F\left(\frac{i}{r} - 1\right)\left(1 - \frac{1}{(1+r)^n}\right)
$$

从这个公式可以看出：

（1）如果债券的价格 $V(0)$ 高于面值 F，则年利率低于票息率，反之亦然。

（2）如果债券的价格 $V(0)$ 低于面值 F，则年利率高于票息率，反之亦然。

若债券不是一年期的，而是一年支付 m 次，连续利率为 r，那么在这段时间内的有效利率为 $\exp\left(\dfrac{r}{m}\right) - 1$。从而，在这种支付条件下，债券的价格为

$$V(0) = \frac{i}{\exp\left(\frac{r}{m}\right) - 1}F + \frac{F}{\left(1 + \exp\left(\frac{r}{m}\right) - 1\right)^n}\left(1 - \frac{i}{\exp\left(\frac{r}{m}\right) - 1}\right)$$

大家可以尝试将上述结论应用于例 2.14，可得到相同的结果。

例 2.15 假设现在有一张面值 $F = 100$ 元的债券，年票息额为 $C = 5$ 元，期限为 3 年，即 $T = 3$。若年复利利率为 6%，试求此债券的价格。

解： 由上面注释部分的算式可得，这份债券的价格为

$$V(0) = \frac{i}{r}F + \frac{F}{(1 + r)^n}\left(1 - \frac{i}{r}\right)$$

$$= \frac{0.05}{0.06} \cdot 100 + \frac{100}{(1 + 0.06)^3}\left(1 - \frac{0.05}{0.06}\right) \approx 97.33 \text{ 元}$$

我们注意到，这份债券的价格低于面值，年利率高于票息率。

2.2.3 债券收益及零息债券的收益

债券收益不同于债券利息。债券利息是指按债券票面利率与债券面值的计算值。由于人们在债券持有期内，还可以在债券市场进行买卖，赚取差价，因此，债券收益除利息收入外，还包括买卖盈亏差价。为了精确衡量债券收益，一般使用债券收益率这个指标。债券收益率是债券收益与其投入本金的比率，通常用年利率表示。

例如，某人于 1995 年 1 月 1 日以 102 元的价格购买一张面值为 100 元、利率为 10%、每年 1 月 1 日支付一次利息的 1991 年发行的 5 年期国库券，并持有至 1996 年 1 月 1 日到期，则：

$$\text{债券购买者的收益率} = \frac{100 + 100 \times 10\% - 102}{102 \times 1} \times 100\% \approx 7.8\%$$

$$债券出售者的收益率 = \frac{102 - 100 + 100 \times 10\% \times 4}{100 \times 4} \times 100\% = 10.5\%$$

又如，某人于 1993 年 1 月 1 日以 120 元的价格购入面值为 100 元、利率为 10%、每年 1 月 1 日支付一次利息的 1992 年发行的 10 年期国库券，并持有至 1998 年 1 月 1 日以 140 元卖出，则：

$$债券持有期间的收益率 = \frac{140 - 120 + 100 \times 10\% \times 5}{120 \times 5} \times 100\% \approx 11.7\%$$

由于债券利率是固定的，市场利率是经常变动的，因而债券买卖价格也会随之波动。利率越高，债券价格越低。市场利率与债券的市场价格呈反向变动关系。

利率较低时，持有债券的收益率较银行利息多，人们倾向于持有更多的债券。当利率上升时，人们对未来的预期看好，从而更加青睐短期债券的投资，长期债券投资较少。当利率上升到一定程度时，中央银行就会增加货币供应量，从而使利率下调。这时，理性投资人会更加青睐于长期投资，长期债券价格则会上升，短期债券价格就会下降。

货币市场账户（Money Market Accounts）

这部分内容，我们将解释货币市场账户是如何通过投资债券来获取连续利率的。市场上的投资者可以通过金融中介完成投资，例如，投资银行可以为顾客进行债券交易，其内在操作机制与一般账户不同，只用于债券投资。

考虑投资某一股面值为 $F = 1$，并且在到期日前可以交易的零息票债券。在货币市场中，期初投资 $A(0)$，购买 $\frac{A(0)}{B(0,T)}$ 股债券。在 $t \leq T$ 时，由命题 2.5 可知每股债券的价值为

$$B(t,T)F = B(t,T) = e^{-r(T-t)} = e^{rt}e^{-rT} = e^{rt}B(0,T)$$

因此在 $t \leq T$ 时刻，投资额 $A(0)$ 的积累值为

$$A(t) = \frac{A(0)}{B(0,T)} \cdot B(t,T)F = e^{rt}A(0)$$

例 2.16　考虑某零息债券在 6 个月内的回报率为 4% 时，由其推导相

应的连续复利利率为多少?

解: 我们知道, $\dfrac{F(0.5,T)-F(0,T)}{F(0,T)}=4\%$, 或者等价于

$$\frac{B(0.5,T)-B(0,T)}{B(0,T)}=\frac{e^{-r(T-0.5)}-e^{-rT}}{e^{-rT}}=e^{0.5r}-1=4\%$$

解得, $r\approx0.0784=7.84\%$

思考题

2.2.1 一位投资者以 94 元购买面值为 100 元的一年期债券。如果这位投资者在第 6 个月末想要出售该债券,那么此时该债券的价格应为多少?(提示:首先求利率)

2.2.2 一张债券的面值 $F=100$ 元,年息票额 $C=5$ 元,在第 3 年末以面值出售。求相应的连续复利的利率值。(提示:由命题 2.6 可知,年利率等于息票率)

2.2.3 利用命题 2.6 证明过程中的信息,解释为什么当利率增大时,债券价格减小?

第3章　风险资产

一般地，我们将具有一定风险的资产称为风险资产，它们的未来收益率不确定，并且可能招致损失，如股票和衍生金融产品。由于几乎所有的资产都具有一定的风险性，因此本章中对于资产及风险资产不加以区别。下面我们将进一步讨论风险资产的数学模型，例如股票，重点关注股票价格的基本特征，并且深入讨论在某些近似条件下的资产定价问题。

图 3-1　某支股票 2015 年 6 月 26 日上证指数行情图

图 3-2　某支股票 2015 年 4 月 27 日上证指数行情图

3.1　收益与风险（Return and Risk）

任意资产的未来价值在某种程度上都是不可预测的。这一章节中，我们将集中研究具有代表性的普通股票。市场价格取决于在不确定的条件下大量的代理人作出的选择和决策，可以认为资产价格是随机的。为讨论方便，我们对资产价格附加一些特殊条件，其目的是，一方面使得数学模型逼真和贴切，另一方面使得模型容易处理。

在 t 时刻股票的价格表示为 $S(t) > 0$。我们假设 $t = 0$ 表示当前时刻，那么 $S(0)$ 就表示当前股票的价格，并且对投资者来讲 $S(0)$ 是已知的。对于 $t > 0$ 时，股票的将来价格 $S(t)$ 则是未知的，并且我们认为它是一个随机变量。更确切地说，在 $t > 0$ 时，股票价格 $S(t)$ 是一个定义在概率空间 Ω 上，取正值的随机变量，其中概率空间 Ω 包含一切可能影响股票价格的"情况"（记为 ω）。从而，我们有如下对应关系

$$S(t) : \Omega \to (0, \infty)$$

这里，对于任意确定的 $t > 0$，$S(t)$ 为定义在 Ω 上的随机变量，它在 ω 处的取值为 $S(t, \omega)$。

例 3.1 假设现在有三种可能的市场情景：$\omega_1 =$ 经济繁荣，$\omega_2 =$ 经济停滞，$\omega_3 =$ 经济衰退，即概率空间 $\Omega = \{\omega_1, \omega_2, \omega_3\}$。在 $0 < t_1 < t_2$ 时，某支股票的价格有下列可能取值

$$S(0, \omega_1) = 52.5, \quad S(0, \omega_2) = 52.5, \quad S(0, \omega_3) = 52.5;$$

$$S(t_1, \omega_1) = 60, \quad S(t_1, \omega_2) = 55, \quad S(t_1, \omega_3) = 50;$$

$$S(t_2, \omega_1) = 58, \quad S(t_2, \omega_2) = 55, \quad S(t_2, \omega_3) = 53;$$

我们可以用下面的图表来描述该股票价格

市场行情	$S(0)$	$S(t_1)$	$S(t_2)$
ω_1	52.5	60	58
ω_2	52.5	55	55
ω_3	52.5	50	53

图 3 - 3

或者利用一个树形图来表示价格的变动

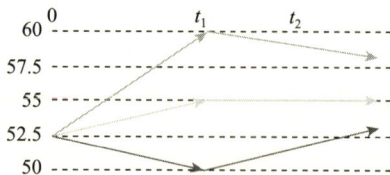

图 3 - 4

如上所示，存在三种可能的价格变动方式

$$经济繁荣(\omega_1) \quad 52.5 \quad \to \quad 60 \quad \to \quad 58;$$
$$经济停滞(\omega_2) \quad 52.5 \quad \to \quad 55 \quad \to \quad 55;$$
$$经济衰退(\omega_3) \quad 52.5 \quad \to \quad 50 \quad \to \quad 53;$$

基于我们后续讨论的需要，假设时间是离散的时间点：$t = n\tau$，其中 $\tau > 0$ 是一个给定的时间间隔，$n = 0, 1, 2, \cdots$ 时间间隔 τ 的取值可以是 $1, \dfrac{1}{12}$，$\dfrac{1}{365}, \cdots$ 我们将在 $t = n\tau$ 时刻的股票价格简记为 $S(n)$。当前股票价格 $S(0)$ 是一个正常数，显然，它对于投资者而言是已知的。对于 $n > 0$，$S(n)$ 是一个取正值的随机变量。

3.1.1　收益率（Return）

假定股票没有股息收入，在时间区间 $[n, m]$（实际为 $[n\tau, m\tau]$）内的收益率，用 $K(n, m)$ 表示，即

$$K(n, m) = \frac{S(m) - S(n)}{S(n)}$$

在单位时间间隔 $[n-1, n]$ 内的收益率，也被称作单期收益率，用 $K(n)$ 表示，即

$$K(n) = K(n-1, n) = \frac{S(n) - S(n-1)}{S(n-1)}$$

显然，由于股票价格为正，$K(n, m)$ 和 $K(n)$ 均是取值大于 -1 的随机变量。

下面我们将讨论这些随机变量之间的关系。由单期收益率的定义，我们可以得出

$$S(m) = S(m-1)(1 + K(m))$$

令 $m-1$ 代替 m，相应地，我们有

$$S(m-1) = S(m-2)(1 + K(m-1))$$

从而

$$S(m) = S(m-2)(1 + K(m-1)(1 + K(m)))$$

通过如上递推规则，我们可以得到

$$S(m) = S(n)(1 + K(n+1))(1 + K(n+2))\cdots(1 + K(m))$$

另一方面，根据 $K(n,m)$ 的定义，有

$$S(m) = S(n)(1 + K(n,m))$$

从而，我们很容易就得到如下命题。

命题 3.1　累积的单期收益率和整个时期内的总体收益率有如下关系

$$1 + K(n,m) = (1 + K(n+1)(1 + K(n+2))\cdots(1 + K(m))$$

例 3.2　假设一支股票在两个时期内的价格，如下所示

市场行情	$S(0)$	$S(1)$	$S(2)$
ω_1	50	55	60
ω_2	50	53	50
ω_3	50	49	45

试求这支股票的单期收益率及 $K(0,2)$。

解： 由于单期收益率 $K(n) = \dfrac{S(n) - S(n-1)}{S(n-1)}$，那么我们可以得到不同市场情形下的单期收益率 $K(1)$，$K(2)$ 为

市场行情	$K(1)$	$K(2)$
ω_1	1/10	1/11
ω_2	3/50	-3/53
ω_3	-1/50	-4/49

类似地，根据时间区间 $[n,m]$ 内的收益率 $K(n,m) = \dfrac{S(m) - S(n)}{S(n)}$，通过计算，我们可以得到区间 $[0,2]$ 内不同市场情形下的收益率 $K(0,2)$

市场行情	$K(0,2)$
ω_1	1/5
ω_2	0
ω_3	-1/10

对数收益率（logarithmic return）为我们提供了另一种度量收益率的方法。在时间区间 $[n,m]$ 内，对数收益率可作如下定义

$$k(n,m) = \ln \frac{S(m)}{S(n)}$$

单期对数收益率（one-step logarithmic return）用 $k(n)$ 表示，即

$$k(n) = k(n-1,n) = \ln \frac{S(n)}{S(n-1)}$$

这里，$k(n,m)$ 和 $k(n)$ 均为随机变量。基于之前的定义，显然有如下等式成立

$$S(m) = S(n)\exp(k(n,m))$$
$$S(n) = S(n-1)\exp(k(n))$$

命题 3.2　对数收益率 $k(n,m)$ 与单期对数收益率 $k(n)$ 具有如下关系

$$k(n,m) = k(n+1) + k(n+2) + \cdots + k(m)$$

证明：对等式

$$\frac{S(m)}{S(n)} = \frac{S(n+1)}{S(n)} \frac{S(n+2)}{S(n+1)} \cdots \frac{S(m)}{S(m-1)}$$

两边同取自然对数（"ln"），可得命题结论。

由于对数本身具备"可加性"，因此对数收益率在实际使用上更方便。

例 3.3　若 $k(1) = 3\%$，$k(2) = 1\%$，$k(3) = 2\%$，同时 $k(0,4) = 9\%$。试求 $k(4)$。

解：由于 $k(0,4) = k(1) + k(2) + k(3) + k(4)$，我们便可以很容易地得到

$$k(4) = 9\% - 6\% = 3\%$$

命题 3.3　收益率 $K(n,m)$ 与对数收益率 $k(n,m)$，以及单期收益率 $K(n)$ 与单期对数收益率 $k(n)$ 具有如下关系

$$1 + K(n,m) = \exp(k(n,m))$$
$$1 + K(n) = \exp(k(n))$$

例 3.4　如例题 3.2 条件所示，试求这支股票的单期对数收益率及 $k(0,2)$。

解：略。

注释1：若一支股票在 n 时刻支付一份总额为 $div(n)$ 的股息，那么对于收益率和对数收益率，我们分别作如下修正

$$K(n) = \frac{S(n) - S(n-1) + div(n)}{S(n-1)}$$

$$k(n) = \ln \frac{S(n) + div(n)}{S(n-1)}$$

例 3.5 采用例 3.2 中的数据，如果每期期末支付股息 1 元，试求股票相应的单期收益率。

解：利用注释 1 中修正的单期收益率计算公式，我们可以得到如下图表

市场行情	$K(1)$	$K(2)$
ω_1	3/25	6/55
ω_2	2/25	-2/53
ω_3	0	-3/49

图 3-5

3.1.2 预期收益率（Expected Return）

如果在一个固定时间段内，已知收益率 K 的概率分布，利用数学期望 $E(K)$，我们能够计算出该时期内的预期收益率。

然而，在实际生活中，我们发现想要知道一支股票的收益率分布是一件很困难，甚至是不可能的事情。人们常常通过历史价格（historical prices）进行计算，然后估计股票的预期收益率，这涉及计量经济学中的一类复杂统计问题。

例 3.6 假定某时期经济繁荣、停滞、衰退的概率分别为 $\frac{1}{4}, \frac{1}{2}, \frac{1}{4}$。如果预测一支股票在经济繁荣、停滞、衰退时，年收益率分别为 20%，4%，-8%，那么其年预期收益率为

$$20\% \cdot \frac{1}{4} + 4\% \cdot \frac{1}{2} + (-8\%) \cdot \frac{1}{4} = 0.05 = 5\%$$

知识回顾

随机变量的相互独立的相关知识

若随机变量 $X_1, X_2, \cdots, X_n$ 相互独立，则

$$E(X_1, X_2, \cdots X_n) = E(X_1)E(X_2)\cdots E(X_n)$$

命题 3.4 若单期收益率 $K(n+1)$，$K(n+2)$，$\cdots$，$K(m)$ 构成的序列相互独立，$K(n,m)$ 为总体收益率，那么

$$1 + E(K(n,m))$$

$$= \left[1 + E(K(n+1))\right] \cdot \left[1 + E(K(n+2))\right] \cdots \left[1 + E(K(m))\right]$$

对于单期对数收益率 $k(n+1), k(n+2), \cdots, k(m)$，以及对数总体收益 $k(n,m)$，我们恒有如下结论

$$E(k(n,m)) = E(k(n+1)) + E(k(n+2)) + \cdots + E(k(m))$$

这里不论 $k(n+1), k(n+2), \cdots, k(m)$ 是否相互独立。

例 3.7 假设给定时间间隔 $\tau = \dfrac{1}{4}$ 年，季度收益率为 $K(1), K(2), K(3), K(4)$ 相互独立且同分布。若前三季度预期收益率为 $E(K(0,3)) = 6\%$，试求第一季度预期收益率 $E(K(1))$ 和年度预期收益率 $E(K(0,4))$。

解： 季度收益率独立同分布，那么我们知道

$$E(K(1)) = E(K(2)) = E(K(3)) = E(K(4))$$

由命题 3.4 可得

$$\begin{aligned}
1 + 6\% &= 1 + E(K(0,3)) \\
&= \left[1 + E(K(1))\right] \cdot \left[1 + E(K(2))\right] \cdot \left[1 + E(K(3))\right] \\
&= \left[1 + E(K(1))\right]^3
\end{aligned}$$

解得

$$E(K(1)) = (1.06)^{1/3} - 1 \approx 0.019613$$

类似地，我们也可以求得

$$E(K(0,4)) = \left[1 + E(K(1))\right]^4 - 1 = (1.06)^{4/3} - 1 \approx 0.08079。$$

思考题

3.1.1 试计算例3.4。

3.1.2 基于例3.2中的数据，若每期期末支付股息2元，试求该股票的单期对数收益率。

3.1.3 假设给定时间间隔 $\tau = \dfrac{1}{4}$ 年，季度对数收益率 $k(1)$，$k(2)$，$k(3)$，$k(4)$ 同分布。若前三个季度的预期对数收益率为 $E(k(0,3)) = 6\%$，试求第一季度预期对数收益率 $E(k(1))$ 和年度预期对数收益率 $E(k(0,4))$。

3.1.3 风险(Risk)

风险本身是指事件发生的不确定性，而这种不确定性直接导致了，风险投资的回报率 K 是一个随机变量。自然地，我们取其期望值 $E(K)$ 即预期回报率（expectedreturn）作为参考值，利用方差 $Var(K)$ 和标准差 $\sigma_K = \sqrt{Var(K)}$ 对风险进行度量。在不产生混淆的情况下，我们并不刻意区别方差与标准差，依据所得信息，两者均可对风险进行度量。当然，利用方差只是风险度量的一种方式，还有很多其他的方法，本章暂不作介绍。

知识回顾

回顾以前所学的知识，对于任意两个随机变量 K 和 L，协方差和方差分别为

$$Cov(K,L) = E((K-E(K))(L-E(L))) = E(KL) - E(K)E(L)$$
$$Var(K) = Cov(K,K) = E((K-E(K))^2) = E(K^2) - E(K)^2$$

方差刻画了随机变量与其期望值的偏离程度，协方差刻画了随机变量之间的线性相关程度。相关系数定义为

$$\rho_{KL} = \frac{Cov(K,L)}{\sqrt{Var(K)Var(L)}}$$

相关系数是刻画线性相关程度的一种简便的方法，其满足 $-1 \leq \rho_{KL} \leq 1$。当 $|\rho_{KL}|$ 较大时，X 与 Y 的线性相关程度较高；当 $|\rho_{KL}|$ 较小时，X 与 Y 的线性相关程度较差；当 $\rho_{KL} = 0$ 时，X 与 Y 不相关，但此时只说明 X 与 Y 之间没有线性关系，不能排除是否有其他非线性关系的存在。

例 3.8 股票 S_1 和 S_2 的回报率函数 K_1、K_2 如下所示，假定处于三种市场情景：$\omega_1 = $ 经济繁荣，$\omega_2 = $ 经济停滞，$\omega_3 = $ 经济衰退中的概率分别为 $P(\omega_1) = 1/4$，$P(\omega_2) = 1/2$ 和 $P(\omega_3) = 1/4$。求 $Var(K_1)$，$Var(K_2)$ 和 $Cov(K_1, K_2)$。

市场行情	K_1	K_2
ω_1	1/10	1/5
ω_2	3/20	1/10
ω_3	−1/20	−1/5

解： 根据数学期望，我们可以得到 K_1、K_2 的预期回报率分别为

$$E(K_1) = \frac{1}{10} \cdot \frac{1}{4} + \frac{3}{20} \cdot \frac{1}{2} + \left(-\frac{1}{20}\right) \cdot \frac{1}{4} = \frac{7}{80}$$

$$E(K_2) = \frac{1}{5} \cdot \frac{1}{4} + \frac{1}{10} \cdot \frac{1}{2} + \left(-\frac{1}{5}\right) \cdot \frac{1}{4} = \frac{1}{20}$$

方差为

$$Var(K_1) = \left(\frac{1}{10} - \frac{7}{80}\right)^2 \cdot \frac{1}{4} + \left(\frac{3}{20} - \frac{7}{80}\right)^2 \cdot \frac{1}{2} + \left(-\frac{1}{20} - \frac{7}{80}\right)^2 \cdot \frac{1}{4}$$
$$= \frac{43}{6400}$$

$$Var(K_2) = \left(\frac{1}{5} - \frac{1}{20}\right)^2 \cdot \frac{1}{4} + \left(\frac{1}{10} - \frac{1}{20}\right)^2 \cdot \frac{1}{2} + \left(-\frac{1}{5} - \frac{1}{20}\right)^2 \cdot \frac{1}{4}$$
$$= \frac{9}{400}$$

K_1 与 K_2 协方差为

$$Cov(K_1, K_2) = E(K_1 K_2) - E(K_1)E(K_2)$$
$$= \frac{1}{10} \cdot \frac{1}{5} \cdot \frac{1}{4} + \frac{3}{20} \cdot \frac{1}{10} \cdot \frac{1}{2} + \left(-\frac{1}{20}\right)\left(-\frac{1}{5}\right)\frac{1}{4} - \frac{7}{80} \cdot \frac{1}{20}$$
$$= \frac{17}{1600}$$

知识回顾

> 若 a，b 为常数，K，L 和 M 为随机变量，那么其期望、方差和协方差有如下一些性质
>
> $$E(aK + bL) = aE(K) + bE(L)，Cov(K,L) = Cov(L,K)$$
> $$Cov(K + L,M) = Cov(K,M) + Cov(L,M)$$
> $$Cov(aK,bL) = abCov(K,L)$$
> $$Var(aK) = a^2 Var(K)，\sigma_{aK} = |a|\sigma_K$$
> $$Var(K + L) = Var(K) + Var(L) + 2Cov(K,L)$$

我们借助上述的数学工具，利用对数回报率的方差或标准差对风险进行量化度量。

例 3.9 两种风险债券 S_1 和 S_2 的回报率 K_1 和 K_2 如下所示

市场情景	概率	回报率 K_1	回报率 K_2
ω_1	0.5	10%	7%
ω_2	0.5	12%	10%

计算相应的对数回报率 k_1 和 k_2；计算 $Var(k_2)$，$Var(k_2)$ 和 σ_{k_1}，σ_{k_2}。

解： 根据 $k_i = \ln(1 + K_i)$，$i = 1$，2，则有

市场情景	概率	对数收益率 k_1	对数收益率 k_2
ω_1	0.5	$\ln 1.1$	$\ln 1.07$
ω_2	0.5	$\ln 1.12$	$\ln 1.1$

那么，预期对数回报率分别为

$$E(k_1) = \ln 1.1 \cdot 0.5 + \ln 1.12 \cdot 0.5$$
$$= 0.5\ln 1.232 \approx 0.1043194$$
$$E(k_2) = \ln 1.07 \cdot 0.5 + \ln 1.1 \cdot 0.5$$
$$= 0.5\ln 1.177 \approx 0.0814844$$

由于

$$E(k_1^2) = \ln 1.1^2 \cdot 0.5 + \ln 1.12^2 \cdot 0.5 \approx 0.0109637$$
$$E(k_2^2) = (\ln 1.07)^2 \cdot 0.5 + (\ln 1.1)^2 \cdot 0.5 \approx 0.0068309$$

由方差的计算方法，我们可以得到对数回报率的方差分别为

$$Var(k_1) = E(k_1^2) - E(k_1)^2 \approx 0.00008117$$

$$Var(k_2) = E(k_2^2) - E(k_2)^2 \approx 0.00019115$$

其标准差为

$$\sigma_{k_1} = \sqrt{Var(k_1)} \approx 0.00900925, \ \sigma_{k_2} = \sqrt{Var(k_2)} \approx 0.01382577$$

因此，这种基于方差来度量债券风险的方法，我们可以得出如下结论，S_1 相对于 S_2 的风险低。

尽管对数回报率和回报率具有关系 $k = \ln(1+K)$，然而 $E(k) \neq \ln(1+E(K))$。上面这个例子可以很好地说明此问题。

3.2　双叉模型（Binomial Tree Model）

在前面的章节中，我们介绍了单期双叉模型，用其表示股票价格的变动路线并进行了一些相关计算。双叉模型是股票定价中的一个重要模型工具，本节我们将在力求保持计算简便的同时，进一步推导出与现实情况更为贴近的多期双叉模型。

对任意的 $n > 0$，股票价格 $S(n)$ 会有 $n+1$ 种可能的取值

$$S(n) = S(0)(1+u)^i(1+d)^{n-i}, \text{依概率} \binom{n}{i} p^i (1-p)^{n-i}, \text{其中 } i = 0,$$

$1, \cdots, n$，这里 $\binom{n}{i}$ 是从 n 个中选 i 个的组合数。

我们依然假设股票的价格在单位时间内只能够沿着两个方向变动，将来的价格就等于现值加上相应的收益。我们将根据下列不同情形给出双叉模型的具体描述。

情形 1　股票的单期收益率 $K(n)$ 是独立同分布的随机变量，对于每一个时期 n 均满足

$$K(n) = \begin{cases} u, & \text{依概率 } p \\ d, & \text{依概率 } 1-p \end{cases}$$

其中 $-1 < d < u$，$0 < p < 1$。

由于 $S(n) = S(n-1)(1+K(n))$，那么情形 1 暗示了，在每一个时期

内，股票的价格 $S(n)$ 依据因子 $1+u$ 和 $1+d$ 而上涨或下跌。如果 $S(0)$ 为正数，那么不等式 $-1<d<u$ 能够保证后续所有的价格 $S(n)$ 均为正数。

情形 2 若单期无风险投资的回报率为 r，则 $d<r<u$。

该情形是第一章 1.3 节中命题 1.1 的一个推论，它可以利用无套利原理来证明。

由情形 1 可知，随机变量 $S(1)$ 有两种不同的取值

$$S(1) = \begin{cases} S(0)(1+u), & \text{依概率 } p \\ S(0)(1+d), & \text{依概率 } 1-p \end{cases}$$

我们可以将上式写成如下的单期双叉型

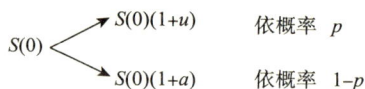

$$S(0) \quad \begin{array}{l} \nearrow \quad S(0)(1+u) \quad \text{依概率 } p \\ \searrow \quad S(0)(1+a) \quad \text{依概率 } 1-p \end{array}$$

对于 $S(2)$，双叉型可写为

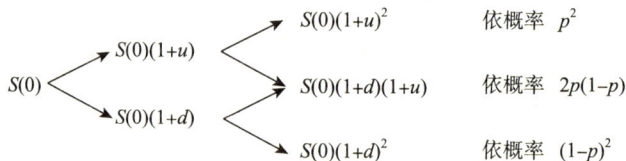

$$S(0) \quad \begin{array}{l} \nearrow \quad S(0)(1+u) \quad \nearrow \quad S(0)(1+u)^2 \quad \text{依概率 } p^2 \\ \qquad\qquad\qquad \rightarrow \quad S(0)(1+d)(1+u) \quad \text{依概率 } 2p(1-p) \\ \searrow \quad S(0)(1+d) \quad \searrow \quad S(0)(1+d)^2 \quad \text{依概率 } (1-p)^2 \end{array}$$

一般地，对任意的 $n>0$，股票价格 $S(n)$ 会有 $n+1$ 种可能的取值

$$S(n) = S(0)(1+u)^i(1+d)^{n-i}, \text{依概率} \binom{n}{i} p^i (1-p)^{n-i}, \text{其中 } i=0, 1, \cdots, n，\text{这}$$

里 $\binom{n}{i}$ 是从 n 个中选 i 个的组合数。根据二项式，显然有 $\sum_{i=0}^{n} \binom{n}{i} p^i (1-p)^{n-i} = 1$，因此如前所述的股票价格公式可作如下理解：在一个 n 期价格变动中，对于每一个 $i \in [0,n]$，有 $\binom{n}{i}$ 种方式使得价格上升及价格下降分别是 i 次和 $n-t$ 次。

例 3.10 若 $S(1)$ 有两种可能取值：87 元和 76 元，而 $S(2)$ 的最高价格为 92 元，试求 d 和 u。

解：利用双叉模型，我们可以得到如下部分关系图

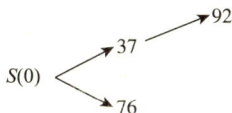

$$S(0) \nearrow 37 \nearrow 92$$
$$\searrow 76$$

图 3 - 6

这幅不完整的双叉模型图为我们提供了三个等式，即

$$87 = S(0)(1 + u), 76 = S(0)(1 + d), 92 = 87(1 + u)$$

求解这些方程，可得

$$u = \frac{5}{87}, \ S(0) = \frac{87^2}{92}, \ d = \frac{76.92}{87^2}。$$

3.2.1　风险中性概率（Risk – Neutral Probability）

在学习风险中性概率之前，我们首先介绍一下什么是风险中性投资者，这与保守型投资者有很大差异。一位风险中性的投资者是风险无差异的，即对于他来说，确定得到 1 元的投资并不比期望值为 1 元的不确定性投资更具有吸引力。然而实际上，大多数人并非风险中性。保险行业正是由于这一特点而得以存在。对于风险中性投资者股票和无风险投资之间是没有差异的。一般来讲，预期收益不等于无风险资产投资收益，人们约定，使得预期收益恰好等于无风险资产投资收益的概率分布即为风险中性概率分布。

利用双叉模型，可以计算股票价格的期望值。自然地，我们会将股票价格的期望值与无风险投资进行比较。这个简单的想法将可以有效地应用于金融衍生品理论，如期权、远期和期货。

当 $n > 0$ 时，我们来计算一下股票价格的期望值 $E(S(n))$。首先考虑 $n = 1$ 的情形，显然

$$S(1) = S(0)(1 + K(1)) = \begin{cases} S(0)(1 + u), & \text{依概率} \ p \\ S(0)(1 + d), & \text{依概率} \ 1 - p \end{cases}$$

因此

$$E(S(1)) = S(0)(1 + u)p + S(0)(1 + d)(1 - p)$$
$$= S(0)[1 + up + d(1 - p)]$$

同时，不难发现，$E(K(1)) = up + d(1 - p)$。

命题 3.5 对 $n = 1, 2, 3, \cdots$，股票的期望价格为

$$E(S(n)) = S(0)(1 + E(K(1)))^n = S(0)[1 + up + d(1 - p)]^n$$

证明： 对于单期回报率 $K(1), K(2), K(3), \cdots$ 均为独立同分布，并且根据命题 3.1 的递推分析，有

$$S(n) = S(0)[1 + K(1)][1 + K(2)]\cdots[1 + K(n)]$$

由数学期望的基本性质，我们可以得到

$$E(S(n)) = S(0)[1 + E(K(1))][1 + E(K(2))]\cdots[1 + E(K(n))]$$

又由于单期回报率均同分布，从而有

$$E(S(n)) = S(0)[1 + E(K(1))]^n = S(0)[1 + up + d(1 - p)]^n$$

注释 2 借助于二项展开式 $(x + y)^n = \sum_{i=0}^{n} \binom{n}{i} x^i y^{n-i}$，我们也可以得到直接计算股票的期望价格的公式

$$\begin{aligned}
E(S(n)) &= S(0) \sum_{i=0}^{n} (1 + u)^i (1 + d)^{n-i} \binom{n}{i} p^i (1 - p)^{n-i} \\
&= S(0)[(1 + u)p + (1 + d)(1 - p)]^n \\
&= S(0)[1 + up + d(1 - p)]^n
\end{aligned}$$

假设在单期内的单利利率为 r，若在 0 时刻，某人将本金为 $S(0)$ 的资金进行无风险投资，那么 n 期之后，其价值为 $S(0)(1 + r)^n$。下面，我们对 $E(K(1))$ 和 r 进行比较

- $E(K(1)) > r$：股票投资者应获得较高的预期收益率，以此作为承担股票投资风险的补偿。

- $E(K(1)) = r$：这种情形被称为风险中性。在现实生活中，风险中性可能发生也可能不发生。然而，从数学理论的角度上来看，风险中性可以引导我们得到一些有关价格模型的许多重要性质。

命题 3.6 $p^* = \dfrac{r - d}{u - d}$ 满足条件，$0 < p^* < 1$ 和 $up^* + d(1 - p^*) = r$。

我们称 p^* 为风险中性概率，尽管它不是真正意义上的概率，并且用 E^* 表示相应的风险中性期望。根据风险中性概率的定义，**我们知道风险中性期望的回报率总是与无风险投资的回报率相等。**

- $E(K(1)) < r$: 投资者试图以小概率获得较高回报。彩票是这种类型的一个典型例子。

例 3.11　若 $u = 10\%$, $d = -5\%$, $r = 6\%$, 求风险中性概率 p^*（提示：利用命题 3.6，解答过程从略）。

3.2.2　鞅性（Martingale Property）

根据命题 3.5 和 3.6 知，若风险中性概率为 p^*，则股票价格 $S(n)$ 的期望值为

$$E^*(S(n)) = S(0)(1 + r)^n$$

其中 $r = E^*(K(1))$。

现在再次回到起初的问题，即若股票价格 $S(n)$ 已知，如何估测并给出 $S(n + 1)$ 的风险中性期望。我们的研究从下面这个例子开始。

例 3.12　考虑一个两期双叉模型，其中 $S(0) = 100$, $u = 10\%$, $d = -4\%$ 和 $r = 8\%$。那么风险中性概率为 $p^* = \dfrac{r - d}{u - d} = \dfrac{6}{7}$，并且双叉模型图为

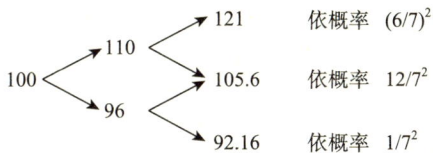

图 3 - 7

比方说，随机变量 $S(2) = 92.16$ 可由算式 $100(1 + d)^2 = 100 \cdot 0.96^2$ 计算得到，而 $1/7^2 = (1 - p^*)^2$。条件期望 $E^*(S(2) | S(1) = 110)$ 和 $E^*(S(2) | S(1) = 96)$ 可以按照如下方式计算

$$E^*(S(2) \mid S(1) = 110) = 121p^* + 105.6(1 - p^*)$$
$$= 121.6/7 + 105.6 \cdot 1/7 = 118.8,$$

$$E^*(S(2) \mid S(1) = 96) = 105.6p^* + 92.16(1 - p^*)$$
$$= 105.6 \cdot 6/7 + 92.16 \cdot 1/7 = 103.68$$

另一方面, 我们可以看到

$$S(1)(1+r) = S(1)(1+0.08) = \begin{cases} 118.8, & \text{依概率} \quad p^* \\ 103.68, & \text{依概率} \quad 1-p^* \end{cases}$$

因此, 从计算的结果来看, 我们能够得到如下结论

$$E^*(S(2) \mid S(1)) = S(1)(1+r)$$

下面是一个更具一般性的结论。

命题 3.7 对于给定的 $S(n)$, $S(n+1)$ 的风险中性条件期望为

$$E^*(S(n+1) \mid S(n)) = S(n)(1+r)$$

证明: 若 n 期后有 $S(n) = x$, 则

$$S(n+1) = \begin{cases} x(1+u), & \text{依概率} \quad p^* \\ x(1+d), & \text{依概率} \quad 1-p^* \end{cases}$$

因此

$$E^*(S(n+1) \mid S(n) = x) = x(1+u)p^* + x(1+d)(1-p^*)$$
$$= x(1+r) = S(n)(1+r)$$

注释 3 从而, 我们可以得到一个更一般的结论: 对于给定的 $S(n)$, $S(n+m)$ 的风险中性条件期望为

$$E^*(S(n+m) \mid S(n)) = S(n)(1+r)^m$$

鉴于在时间间隔 $[0,n]$ 内的贴现因子为 $(1+r)^{-n}$, 那么股票价格 $S(n)$ 的现值 $\tilde{S}(n)$ 为

$$\tilde{S}(n) = (1+r)^{-n}S(n)$$

基于命题 3.7, 我们可推出下面这个在资产定价中的重要性质。

鞅性 (Martingale Property) 股票的贴现价格 $\tilde{S}(n)$ 在风险中性概率下满足鞅性, 即

$$E^*(\tilde{S}(n+1) \mid S(n)) = \tilde{S}(n) \quad \text{对于任意的 } n = 0,1,2,3,\cdots$$

鞅的存在意味着市场没有套利的机会。鞅实际上反映了未来变化完全无法预测的性质, 即该随机变量的未来运动方向和大小是不可预测的。鞅的未来值的条件期望等于当前值, 然而它是一个比随机游动更为一般化的随机过程。

在数学中, 我们认为, 一个随机变量的时间序列没有表现出任何的趋

势性，就可以称之为鞅。如果它一直趋向上升，则称之为下鞅（submartin-gale），即是一个具有正的漂移的随机游动；反之，如果该过程总是在减少，具有负的漂移的随机游动，则称之为上鞅（supermartingale）。实际上，鞅是一种用条件数学期望定义的随机运动形式，或者说是具有某种可以用条件数学期望来进行特征描述的随机过程。

例 3.13　若 $r = 0.12$，给定 $S(2) = 100$，试求 $S(3)$ 和 $S(5)$ 的风险中性条件期望。

解： 根据命题 3.7 和注释 3，我们可以得到

$$E^*(S(3) \mid S(2) = 100) = 100(1 + r) = 112$$

$$E^*(S(5) \mid S(2) = 100) = 100(1 + r)^3 \approx 140.49$$

思考题

3.2.1　假设股票价格满足双叉模型，$S(2)$ 的可能取值为 121 元，110 元和 100 元。

（1）如果 $S(0) = 105$ 元，求 d 和 u。

（2）如果 $S(0) = 100$ 元，求 $S(1)$ 可能取到的最大值。

3.2.2　求解例题 3.9。

3.2.3　若 $r = 7\%$，$S(3) = 90$，求 $S(4)$ 和 $S(5)$ 的风险中性条件期望。

3.3　资产定价初步（Fundamental Theorem of Asset Pricing）

这一节，我们利用"鞅"给出资产定价的基本原理。"鞅"的存在意味着市场上没有套利，那么，当金融市场上不存在"免费午餐"时，所有金融资产的贴现价格都是"鞅"。进而，金融市场上的任何资产的价格就可以通过"鞅"被合理地确定。这就使得"鞅"成了研习现代金融资产定价技术所必需的主流数学工具。

基本原理： 无套利原理亦可等价地描述为：存在定义于情景空间 Ω 上的风险中性概率 P^*，对于任意 $\omega \in \Omega$，均有 $P^*(\omega) > 0$，并且贴现的股票价格（discounted stock prices）$\bar{S}_j(n) = \dfrac{S_j(n)}{A(n)} \cdot A(0)$ 满足

$$E^*(\bar{S}_j(n + 1) \mid S(n)) = \bar{S}_j(n)$$

这里 $j=1,\cdots,m$；$n=0,1,2,\cdots$ 如果 $E^*(X(n+1)\mid S(n))=X(n)$，则称随机变量序列 $X(0),X(1),X(2),\cdots$ 为关于风险中性概率 P^* 的鞅（martingale）。

鞅的例子包括贴现股票价格 $\tilde{S}(n)$，贴现看涨期权价格（discounted call option prices）$\tilde{C}(n)$ 和贴现看跌期权价格（discounted put option prices）$\tilde{P}(n)$，$n=0,1,2,\cdots$。下面我们通过一个例题来说明如何利用资产定价的基本原理对看涨期权进行定价。

例 3.13 若 $S(0)=A(0)=1$，$A(1)=1+r$，并且有

$$S(1)=\begin{cases} 1+u, & \text{依概率 } p \\ 1+d, & \text{依概率 } 1-p \end{cases}$$

假定看涨期权 C 在执行时间 $t=1$ 的交易价为 X。计算该看涨期权的价格 $C(0)$。（备注：建议读者将此例与第一章所讲的无套利原理定价进行对比思考。）

解： 根据买入期权的价格公式

$$C=xS+yA$$

在 $t=1$ 时，有

$$C(1)=xS(1)+yA(1)=\begin{cases} x(1+u)+y(1+r), & \text{依概率 } p \\ x(1+d)+y(1+r), & \text{依概率 } 1-p \end{cases}$$

另一方面，$C(1)$ 亦可被写为

$$C(1)=\begin{cases} X_u=\max((1+u)-X,0), & \text{依概率 } p \\ X_d=\max((1+d)-X,0), & \text{依概率 } 1-p \end{cases}$$

从而，我们能够得到如下方程组

$$C(1)=\begin{cases} x(1+u)+y(1+r)=X_u \\ x(1+d)+y(1+r)=X_d \end{cases}$$

解此方程组，得

$$x=\frac{X_u}{u-d}-\frac{X_d}{u-d}$$

$$y=\frac{1+d}{1+r}\frac{X_u}{u-d}+\frac{1+u}{1+r}\frac{X_d}{u-d}.$$

因此，看涨期权的初始价格 $C(0)$ 为

$$C(0)=xS(0)+yA(0)=x+y=\frac{r-d}{u-d}\frac{X_u}{1+r}+\frac{u-r}{u-d}\frac{X_d}{1+r}$$

我们已经知道风险中性概率 $p^* = \dfrac{r-d}{u-d}$，$1-p^* = \dfrac{u-r}{u-d}$ 和 $C(1)$ 的贴现价格

$$\tilde{C}(1) = \begin{cases} \dfrac{X_u}{1+r}, & \text{依概率 } p^* \\[3mm] \dfrac{X_d}{1+r}, & \text{依概率 } 1-p^* \end{cases}$$

基于前面的结论，我们可以看到

$$\tilde{C}(0) = C(0) = p^*\frac{X_u}{1+r} + (1-p^*)\frac{X_d}{1+r} = E^*(\tilde{C}(1) \mid S(0))$$

因此，在鞅的条件下，$\tilde{C}(0) = E^*(\tilde{C}(1) \mid S(0))$。

对于给定的 $A(0)$，$A(1) = (1+r)A(0)$，$S(0)$ 和 $S(1) = \begin{cases} S_u, & \text{依概率 } p \\ S_d, & \text{依概率 } 1-p \end{cases}$。

假定看涨期权 C 和看跌期权 P 的交易价为 X，执行时间为 $t=1$，那么由资产定价的基本原理，我们有

$$C(0) = \tilde{C}(0) = E^*(\tilde{C}(1) \mid S(0))$$

$$= \frac{A(0)}{A(1)}E^*(C(1) \mid S(0))$$

$$= \frac{A(0)}{A(1)}(p^* \max(S_u - X, 0) + (1-p^*)\max(S_d - X, 0))$$

$$P(0) = \tilde{P}(0) = E^*(\tilde{P}(1) \mid S(0))$$

$$= \frac{A(0)}{A(1)}E^*(P(1) \mid S(0))$$

$$= \frac{A(0)}{A(1)}(p^* \max(X - S_u, 0) + (1-p^*)\max(X - S_d, 0))$$

由于 $\max(Y, 0) - \max(-Y, 0) = Y$，从而我们可以作如下计算

$$C(0) - P(0) = \frac{A(0)}{A(1)}(p^*(S_u - X) + (1-p^*)(S_d - X))$$

$$= \frac{A(0)}{A(1)}(p^* S_u + (1-p^*)S_d - X)$$

$$= A(0)E^*(\tilde{S}(1) \mid S(0)) - \frac{A(0)}{A(1)}X$$

这恰好就是

$$C(0) - P(0) = S(0) - \frac{X}{1 + r}$$

我们称其为**买卖权平价关系（Put – Call Parity）**。

一般地，如果 $A(n) = (1 + r)^n A(0)$，看涨期权 C 和看跌期权 P 在执行时间 $t = n$ 的交易价为 X，则

$$\begin{aligned}
C(0) - P(0) &= \frac{A(0)}{A(n)} E^* (C(n) \mid S(0)) - \frac{A(0)}{A(n)} E^* (P(n) \mid S(0)) \\
&= \frac{A(0)}{A(n)} (E^* (C(n) \mid S(0)) - E^* (P(n) \mid S(0))) \\
&= \frac{A(0)}{A(n)} E^* (C(n) - P(n) \mid S(0))
\end{aligned}$$

由于在 $t = n$ 时，C 和 P 的交易价分别为

$$C(n) = \max(S(n) - X, 0)$$
$$P(n) = \max(X - S(n), 0)$$

进一步有

$$C(n) - P(n) = S(n) - X$$

因此

$$\begin{aligned}
C(0) - P(0) &= \frac{A(0)}{A(n)} E^* (C(n) - P(n) \mid S(0)) \\
&= \frac{A(0)}{A(n)} E^* (S(n) - X \mid S(0)) \\
&= \frac{A(0)}{A(n)} E^* (S(n) \mid S(0)) - \frac{A(0)}{A(n)} X \\
&= S(0) - \frac{X}{(1 + r)^n}
\end{aligned}$$

在连续情形下，看涨与看跌的平价关系可表述为

$$C(0) - P(0) = S(0) - Xe^{-rT}$$

这里，X 为交易价，T 为执行时间。

例 3.14 考虑一支股票 S 的看涨期权的交易价为 70 元，执行时间为 3 个月，假设当前每股股票的价格为 $S(0) = 65$ 元，$A(0) = 100$ 元，$A(1) = 102$ 元，

并且 $S(1)$ 有两种可能取值 $S(1) = \begin{cases} 74, & 依概率 p \\ 66, & 依概率 1-p \end{cases}$。试求该看涨期权的初

始价格 $C(0)$。

解： 显然 $r = \dfrac{A(1)}{A(0)} - 1 = \dfrac{1}{50}$，$u = \dfrac{74}{65} - 1 = \dfrac{9}{65}$，$d = \dfrac{66}{65} - 1 = \dfrac{1}{65}$，那么，

我们可以得到风险中性概率 p^* 和 $1 - p^*$

$$p^* = \frac{r-d}{u-d} = \frac{3}{80} \text{ 和 } 1 - p^* = \frac{77}{80}$$

由于

$$\tilde{C}(1) = \frac{C(1)}{A(1)} = \begin{cases} \dfrac{4}{102}, & 依概率 p \\ 0, & 依概率 1-p \end{cases}$$

由资产定价的基本原理，我们有

$$C(0) = A(0) \cdot \tilde{C}(0) = A(0) E^* (\tilde{C}(1) \mid S(0))$$

$$= 100 \left(\frac{3}{80} \cdot \frac{4}{102} + \frac{77}{80} \cdot 0 \right) \approx 0.147 \text{ 元}$$

例 3.15　若 $A(0) = 100$ 元，$A(1) = 110$ 元和 $A(2) = 121$ 元，S 在下列
四种情景下不同时间的取值如下

市场行情	$S(0)$	$S(1)$	$S(2)$
ω_1	90	100	112
ω_2	90	100	106
ω_3	90	80	90
ω_4	90	80	80

试求不同状态下的风险中性概率 $P^*(\omega_i)$，$i - 1, 2, 3, 4$。更进一步，如
果看涨期权 C 的执行价为 95 元，执行时间为 $t = 2$，计算 $C(0)$ 的
价格。

解： 下图为风险中性概率的树状图

由于 $r = \dfrac{A(1)}{A(0)} - 1 = \dfrac{A(2)}{A(1)} - 1 = \dfrac{1}{10}$，并且根据风险中性概率 $p^* = \dfrac{r-d}{u-d}$，

我们可以计算出上图中 p^*，q^* 和 r^* 分别如下

$$p^* = \frac{r - (80/90 - 1)}{(100/90 - 1) - (80/90 - 1)} = \frac{19}{20}$$

$$q^* = \frac{r - (106/100 - 1)}{(112/100 - 1) - (106/100 - 1)} = \frac{2}{3}$$

$$r^* = \frac{r - (80/80 - 1)}{(90/80 - 1) - (80/80 - 1)} = \frac{4}{5}$$

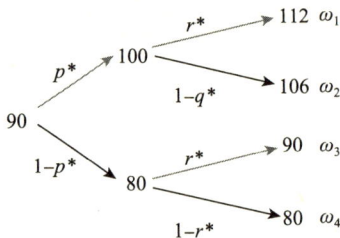

图 3 - 8

因此，四种不同状态下的风险中性概率分别为

$$P^*(\omega_1) = p^* q^* = \frac{19}{30}, \quad P^*(\omega_2) = p^*(1 - q^*) = \frac{19}{60},$$

$$P^*(\omega_3) = (1 - p^*) r^* = \frac{1}{25}, \quad P^*(\omega_4) = (1 - p^*)(1 - r^*) = \frac{1}{100}$$

为计算 $C(0)$，我们注意到 $C(2)$ 有四种对应的取值 $17, 11, 0, 0$，利用资产定价的基本原理，有如下计算结果

$$C(0) = \tilde{C}(0) = E^*(\tilde{C}(2) \mid S(0))$$

$$= \frac{A(0)}{A(2)} E^*(C(2) \mid S(0))$$

$$= \frac{A(0)}{A(2)}(17 \cdot P^*(\omega_1) + 11 \cdot P^*(\omega_2) + 0 \cdot P^*(\omega_3) + 0 \cdot P^*(\omega_4))$$

$$= \frac{1425}{121} \approx 11.78$$

因此，该看涨期权的初始价格为 11.78 元。

思考题

3.3.1 若 $A(0) = 100$ 元，$A(1) = 105$ 元和 $A(2) = 112$ 元，假设股票 S

满足的四种情景如例 3.13 所示。现在有一份看涨期权 C，其交易价为 95 元，执行时间为 $t=2$，试计算此看涨期权的初始价格 $C(0)$。

3.3.2　进一步，在上题中，若看跌期权 P 的执行价为 95 元，执行时间为 $t=2$，试计算此看跌期权的初始价格 $P(0)$。

3.4　连续时间模型（Continuous – time Model）

假定在时间区间 $[0,1]$ 内的连续利率为 r，若时间间隔 $\tau=\dfrac{1}{N}$，则长度为 τ 的时间区间内的回报率为 $\exp(\tau r)$。如前所述，我们记

$$S(n) = S(n\tau), \ n = 1,2,\cdots,N。$$

假定股票 S 的单期回报率序列 $\{K(n)\}$ 是独立同分布的随机变量，对于每一个时期 n 均满足

$$K(n) = \begin{cases} u, & \text{依概率} \quad 1/2 \\ d, & \text{依概率} \quad 1/2 \end{cases}$$

其中 $-1 < d < u$。那么相应的对数回报率序列 $\{k(n)\}$ 也是独立同分布的随机变量，且满足

$$k(n) = \ln(1 + K(n)) = \begin{cases} \ln(1 + u), & \text{依概率} \quad 1/2 \\ \ln(1 + d), & \text{依概率} \quad 1/2 \end{cases}$$

令

$$m = E(k(1) + k(2) + \cdots + k(N))$$

$$\sigma^2 = Var(k(1) + k(2) + \cdots + k(N))$$

由于 $k(n)$ 是独立同分布序列，那么有

$$m = N \cdot E(k(n)), \ \sigma^2 = N \cdot Var(k(n))$$

即

$$E(k(n)) = m\tau \text{ 和 } Var(k(n)) = \sigma^2\tau, \ n = 1,2,\cdots,N。$$

另一方面，根据 $k(n)$ 的分布，我们可以得到其期望和方差

$$E(k(n)) = \frac{1}{2}(\ln(1 + u) + \ln(1 + d))$$

$$Var(k(n)) = \left(\frac{\ln(1 + u) - \ln(1 + d)}{2} \right)^2$$

求解方程组

$$\begin{cases} \dfrac{1}{2}(\ln(1+u)+\ln(1+d)) = m\tau \\[2mm] \dfrac{\ln(1+u)-\ln(1+d)}{2} = \sigma\sqrt{\tau} \end{cases}$$

我们可以得到 $\ln(1+u) = m\tau + \sigma\sqrt{\tau}$，$\ln(1+d) = m\tau - \sigma\sqrt{\tau}$

引入概率符号函数

$$x(n) = \begin{cases} 1, & \text{依概率 } 1/2 \\ -1, & \text{依概率 } 1/2 \end{cases}$$

显然 $E(x(n)) = 0$，$Var(x(n)) = 1$；从而我们可以将 $k(n)$ 简记为一个函数关系式

$$k(n) = m\tau + \sigma\sqrt{\tau}x(n)$$

定义一个新的随机变量 $w(n)$ 满足

$$w(n) = \begin{cases} 0, & n = 0 \\ \sqrt{\tau}x(1) + \cdots + \sqrt{\tau}x(n), & n = 1,2,\cdots \end{cases}$$

我们称该随机变量 $w(n)$ 为对称随机游动变量。

显然

$$S(n) = S(0)\exp(k(1) + \cdots + k(n)) = S(0)\exp(m\tau n + \sigma w(n))$$

下面我们将推导 $S(t)$ 的微分方程。利用 $e^t = 1 + t + \dfrac{1}{2}t^2 + o(t^2)$，那么

$$\begin{aligned} S(n+1) - S(n) &= S(n)\left(\frac{S(n+1)}{S(n)} - 1\right) \\ &= S(n)(\exp(m\tau + \sigma\sqrt{\tau}x(n+1)) - 1) \\ &= S(n)(m\tau + \sigma\sqrt{\tau}x(n+1) + \\ &\quad \frac{1}{2}(m\tau + \sigma\sqrt{\tau}x(n+1))^2 + o(\tau)) \\ &= S(n)(m\tau + \frac{1}{2}\sigma^2\tau + \sigma\sqrt{\tau}x(n+1) + o(\tau)) \\ &= S(n)(m\tau + \frac{1}{2}\sigma^2\tau + \sigma(w(n+1) - w(n)) + o(\tau)) \end{aligned}$$

令 $0 < t < 1$，$N_t = [Nt]$，显然 $t - \dfrac{1}{N} < \dfrac{N_t}{N} \leqslant t$。当 $N \to \infty$ 时，有 $N_t \to \infty$，进而有

$$S(N_t + 1) - S(N_t)$$

$$= S(N_t)\left(\left(m + \dfrac{1}{2}\sigma^2\right)\dfrac{1}{N} + \sigma(w(N_t + 1) - w(N_t)) + o\left(\dfrac{1}{N}\right)\right)$$

用微分形式表示有

$$dS(t) = S(t)\left(\left(m + \dfrac{1}{2}\sigma^2\right)dt + \sigma dW(t)\right)$$

这里，我们假设了当 $N \to \infty$ 时，$S(N_t) \to S(t)$。接下来我们一起讨论 $w(N_t) \to W(t)$ 的具体含义

由于

$$w(N_t) = \sqrt{\dfrac{1}{N}}(x(1) + \cdots + x(N_t)) = \sqrt{\dfrac{N_t}{N}}\dfrac{x(1) + \cdots + x(N_t)}{\sqrt{N_t}}$$

利用中心极限定理，我们可以得到，若 $N \to \infty$，则

$$w(N_t) \to W(t) = \sqrt{t}\xi$$

其中 ξ 服从标准正态分布。事实上，$W(t)$ 称为布朗运动（Brownian motion），它满足如下条件

（1）$W(0) = 0$；

（2）$E(W(t)) = 0$；

（3）$Var(W(t)) = t$；

（4）如果 $0 \leqslant t_1 \leqslant t_2 \leqslant t_3$，则增量 $W(t_3) - W(t_2)$ 和 $W(t_2) - W(t_1)$ 独立同分布；

（5）随机变量 $W(t)$ 服从正态分布。

前面的讨论表明股票价格 $S(t)$ 可表示为

$$S(t) = S(0)\exp(mt + \sigma W(t))$$

其微分是

$$dS(t) = S(t)(m + \dfrac{1}{2}\sigma^2)dt + \sigma dW(t) \tag{3.1}$$

你或许注意到，上面的微分形式，即式（3.1），不同于通常意义下具有两个变量的函数微分。实际上，式（3.1）所表示的方程也被称为随机微分方程。下面是一个更具一般性的定理。

Ito 公式 若有 $g(t,x) \in C^2([0,\infty) \times R)$，那么 $X(t) = g(t,W(t))$ 是一个随机过程，且满足

$$dX(t) = \left(\frac{\partial g}{\partial t}(t,W(t)) + \frac{1}{2}\frac{\partial^2 g}{\partial x^2}(t,W(t)) \right)dt + \frac{\partial g}{\partial x}(t,W(t))dW(t)$$

例题 3.17 利用 Ito 公式验证下面的随机微分方程。

$$d\left(\frac{1}{2}W(t)^2 - \frac{1}{2}t \right) = W(t)dW(t)$$

解： 在这个例子中，$g(t,x) = \frac{1}{2}x^2 - \frac{1}{2}t$，其相应的偏导数及二阶偏导数分别为

$$\frac{\partial g}{\partial t}(t,x) = -\frac{1}{2}, \quad \frac{\partial^2 g}{\partial x^2}(t,x) = 1, \quad \frac{\partial g}{\partial x}(t,x) = x$$

故 $X(t) = g(t,W(t)) = \frac{1}{2}W^2(t) - \frac{t}{2}$ 是一个随机过程，并且满足 Ito 公式。

思考题

3.4.1 如果 $X(t) = t^2 W(t) + 5(W(t))^3$，试求 $dX(t)$。

3.4.2 如果 $X(t) = \exp(a + bt + cW(t))$，试求 $dX(t)$。

3.4.3 若函数 f, g 均为 $[0,\infty) \times R$ 上的连续函数，且 $X(t) = f(t,g(t,W(t)))$，试求 $dX(t)$。

第4章 债券投资

4.1 浮动利率

我们用 $B(t,T)$ 表示 t 时刻一个单位零息债券在到期日 T 时的价格。将一个时间步长 $\tau > 0$ 作为定值，记 $t = \tau n$ 为中间运行时刻，$T = \tau N$ 为到期日，用 $B(n,N)$ 代替 $B(t,T)$。显然，$B(N,N) = B(T,T) = 1$。债券的现值决定了一个与之相应的利率，称为收益率，记作 $y(0,N)$

$$B(0,N) = e^{-N\tau y(0,N)} \tag{4.1}$$

式（4.1）等同于

$$y(0,N) = -\frac{1}{N\tau}\ln B(0,N) \tag{4.2}$$

在时刻 τn，$0 < n < N$，我们可以推导出收益率 $y(n,N)$ 满足

$$B(n,N) = e^{-(N-n)\tau y(n,N)} \tag{4.3}$$

整理后等价于

$$y(n,N) = -\frac{1}{(N-n)\tau}\ln B(n,N) \tag{4.4}$$

在现实生活中，不同时刻的收益率 $y(0,N), y(1,N), \cdots, y(N-1,N)$ 可能是不同的。假设收益率的大小与 N 无关，即与到期时间相互独立，因此用下面的序列标记

$$y(0), y(1), \cdots, y(N-1)$$

命题 4.1 假设收益率序列是完全独立的，若对于某个 $n > 0$ 时刻的收益率 $y(n)$ 在 $t = 0$ 时刻已知，那么 $y(0) = y(n)$。

证明： 在 $t = 0$ 时刻，首先，我们假设 $y(0) < y(n)$。

- 在 0 到 $n+k$ 期间借贷 1 元，在 0 到 n 期间将其存入，两者收益率都

是 $y(0)$；

• 在 $t = \tau n$ 时刻，取回所有的存款及利息，共计 $e^{n\tau y(0)}$，然后以收益率为 $y(n)$ 将这笔钱投资于接下来的 k 个时间段。

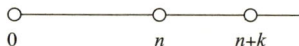

• 在 $t = \tau(n + k)$ 时刻，取回所有的存款及利息，共计 $e^{n\tau y(0)} e^{k\tau y(n)}$，然后连同利息支付贷款，共计 $e^{(n+k)\tau y(0)}$，从而可得净余额为

$$e^{n\tau y(0)} e^{k\tau y(n)} - e^{(n+k)\tau y(0)} = e^{n\tau y(0)} (e^{k\tau y(n)} - e^{k\tau y(0)}) > 0$$

显然，这是一种套利利润。

类似地，假设在 $t = 0$ 时刻，$y(0) > y(n)$

• 在 0 到 n 期间借贷 $B(0, N) = e^{-N\tau y(0)}$ 元，以 $B(0, N)$ 的价格买一支债券；

• 在 $t = \tau n$ 时刻，卖出此债券得到 $B(n, N) = e^{-(N-n)\tau y(n)}$ 元，然后连同利息支付贷款，共计 $B(0, N) e^{n\tau y(0)} = e^{-(N-n)\tau y(0)}$，从而可得净余额为

$$e^{-(N-n)\tau y(n)} - e^{-(N-n)\tau y(0)} > 0$$

显然，这也是一种套利利润。

根据无套利原理，我们知道上述假设均不成立，故 $y(0) = y(n)$。

假设收益率 $y(n)$ 是正随机数且与不同到期日的债券无关，那么 Pe^{rt} 这个模型将不再是恰当的，因为模型中的利率不是不可预计的变化利率。

4.2 单一债券投资

本节我们将通过一系列的例题来讲述单一债券在不同时刻的价格、回报率以及投资价值等。

例 4.1 现有面值为 1 的一年后到期的债券，价格为 0.93 元。某人持有这份债券 6 个月，然后将其卖出，那么这时的价格应是多少？

解： 令 $\tau = \dfrac{1}{12}$，利用式（4.4）

$$y(n) = -\frac{1}{(N-n)\tau} \ln B(n, N)$$

当 $n = 0$ 时，带入相关数据，可得

$$y(0) = -\ln B(0, 12) = -\ln 0.93 \approx 0.0726 = 7.26\%$$

接下来，我们考虑如下情形。

1. 利率处于稳定状态：$y(6) = y(0)$，那么

$$B(6,12) = e^{-(N-n)\tau y(6)} = e^{-\frac{1}{2}\cdot 7.26\%} = e^{-0.0363} \approx 0.9644$$

相应的对数回报率为

$$k(0,6) = \ln\frac{B(6,12)}{B(0,12)} \approx 3.63\%$$

2. 利率下降：$y(6) = 6.26\%$，那么

$$B(6,12) = e^{-(N-n)\tau y(6)} = e^{-\frac{1}{2}\cdot 6.26\%} \approx 0.9692$$

此时的情况要好于第一种。其相应的对数回报率为

$$k(0,6) = \ln\frac{B(6,12)}{B(0,12)} \approx 4.13\%$$

3. 利率上涨：$y(6) = 8.26\%$，那么

$$B(6,12) = e^{-(N-n)\tau y(6)} = e^{-\frac{1}{2}\cdot 8.26\%} \approx 0.9596$$

对数回报率为

$$k(0,6) = \ln\frac{B(6,12)}{B(0,12)} \approx 3.13\%$$

假设下列两式成立，即

$$B(0,N) = e^{-N\tau y(0)} \quad \text{和} \quad B(n,N) = e^{-(N-n)\tau y(n)}$$

那么，一项投资以 $t=0$ 开始，在 $t=n$ 结束，其对数回报率为

$$k(0,n) = \ln\frac{B(n,N)}{B(0,N)} = \tau N y(0) - \tau(N-n)y(n)$$

从上式中容易观察出，当其他条件不变时，若 $y(n)$ 增大，那么 $k(0,n)$ 减小。

例4.2　令 $\tau = \frac{1}{12}$，投资 100 元购买零息债券为期 6 个月，当前市场价格 $B(0,6) = 0.94$ 元。6 个月后，继续再投资同类型的零息债券，市场价格 $B(6,12) = 0.9368$ 元。利用由该债券诱导出的利率计算在每个到期时间所持有债券的份额，并计算一年后此项投资的对数回报率是多少。

解：用 100 元，能购买 $\frac{100}{0.94}$ 份零息债券。6 个月后，我们将得到 $\frac{100}{0.94}$ 元。

用这笔钱，可以再购买 $\frac{100}{0.94} \cdot \frac{1}{0.9368} = \frac{100}{0.94 \cdot 0.9368}$ 份债券，而此时 $B(6,12) = 0.9368$ 元。

接下来的 6 个月后，将得到 $\frac{100}{0.94 \cdot 0.9368}$ 元。从而该项投资的对数回报率为 $k(0,1) = \ln \frac{1}{0.94 \cdot 0.9368} \approx 12.72\%$。

例 4.3 考虑一项 1000 元的投资，欲投向面值为 100 元附带每年 10 元息票的 4 年期债券。假设附息债券以 91.78 元交易，那么收益率 $y(0)$ 可通过下面的方程得到

$$91.78 = 10e^{-y(0)} + 10e^{-2y(0)} + 10e^{-3y(0)} + 110e^{-4y(0)}$$

解方程得 $y(0) \approx 12\%$。

用 1000 元，我们能购买 $\frac{1000}{91.78} = 10.896$ 份这种附息债券。1 年后，兑现票息共得 $10.896 \times 10 = 108.96$ 元，并且卖出所持有的债券，而此时该债券就成为 3 年期债券。接下来，考虑如下不同情形中，3 年期债券的价值、收益以及相应的对数收益各为多少？

1. 若 $y(1) = y(0) = 12\%$，3 年期债券价值为

$$10e^{-y(1)} + 10e^{-2y(1)} + 110e^{-3y(1)} \approx 93.48 \text{ 元}$$

我们将获得

$$108.96 + 10.896 \times 93.48 \approx 1127.52 \text{ 元}$$

此时的对数收益率为

$$k(0,1) = \ln \frac{1127.52}{1000} \approx 12\%$$

2. 若 $y(1) = 10\% < y(0)$，3 年期附息债券的价值为

$$10e^{-y(1)} + 10e^{-2y(1)} + 110e^{-3y(1)} \approx 98.73 \text{ 元}$$

若此时进行交易，最终我们将获得

$$108.96 + 10.896 \times 98.73 \approx 1184.72 \text{ 元}$$

此时对数收益率为

$$k(0,1) = \ln \frac{1184.72}{1000} \approx 16.95\%$$

3. 若 $y(1) = 13\% > y(0)$，接下来的分析与上面两种情况相类似，留给读者自行解决。

一般地，假设一支面值为 F 的附息债券，到期日为 τn_N，在每一个离散时间点 $0 < \tau n_1 < \tau n_2 < \cdots < \tau n_N$ 上分别可以得到息票 $C_1, C_2, \cdots, C_N$。当前价格以及收益率 $y(0)$ 满足下式

$$B(0, n_N) = C_1 e^{-\tau n_1 y(0)} + C_2 e^{-\tau n_2 y(0)} + \cdots + C_N e^{-\tau n_N y(0)} + F e^{-\tau n_N y(0)}$$

该债券在时刻 τn_i 的收益率为 $y(n_i), i = 1, 2, \cdots, N$，此债券的价格满足下式

$$B(n_i, n_N) = C_{i+1} e^{-\tau(n_{i+1} - n_i) y(n_i)} + \cdots + C_N e^{-\tau(n_N - n_i) y(n_i)} + F e^{-\tau(n_N - n_i) y(n_i)}$$

例 4.4 考虑一项 1000 元的投资，欲投向面值为 100 元的 4 年期债券，并且前 3 年附带每年 10 元息票。在下列不同情形下，请计算这项投资的价值。

a) $y(0) = 12\%$，$y(1) = 12\%$，$y(2) = 12\%$，$y(3) = 12\%$；

b) $y(0) = 12\%$，$y(1) = 10\%$，$y(2) = 10\%$，$y(3) = 10\%$；

c) $y(0) = 12\%$，$y(1) = 14\%$，$y(2) = 14\%$，$y(3) = 14\%$。

解： 我们用下面的表格进行具体计算。

情形 a)

表 4 - 1

年　份	0	1	2	3
利　率	12%	12%	12%	12%
投资价值	1000	1127.496852	1271.24915	1433.329415
债券价格	91.77841934	93.47987885	95.39826908	97.56124804
息票 1 现值	8.869204367	10		
息票 2 现值	7.866278611	8.869204367	10	
息票 3 现值	6.976763261	7.866278611	8.869204367	10
息票 4 现值	6.187833918	6.976763261	7.866278611	8.869204367
票面现值	61.87833918	69.76763261	78.66278611	88.69204367
兑现息票		108.9580761	120.6138546	133.2570457
增加债券		1.165577849	1.264319109	
债券持有量	10.89580761	12.06138546	13.32570457	

情形 *b*)

表 4 − 2

年 份	0	1	2	3
利 率	12%	10%	10%	10%
投资价值	1000	1184.654157	1309.245322	1446.939855
债券价格	91.77841934	98.72568599	99.10875702	99.53211598
息票 1 现值	8.869204367	10		
息票 2 现值	7.866278611	9.04837418	10	
息票 3 现值	6.976763261	8.187307531	9.04837418	10
息票 4 现值	6.187833918	7.408182207	8.187307531	9.04837418
票面现值	61.87833918	74.08182207	81.87307531	90.4837418
兑现息票		108.9580761	119.9945227	132.101881
增加债券		1.10364466	1.210735825	
债券持有量	10.89580761	11.99945227	13.2101881	

情形 *c*)

表 4 − 3

年份	0	1	2	3
利率	12%	14%	14%	14%
投资价值	1000	1073.526551	1234.849464	1420.414984
债券价格	91.77841934	88.52656995	91.82979391	95.62940589
息票 1 现值	8.869204367	10		
息票 2 现值	7.866278611	8.693582354	10	
息票 3 现值	6.976763261	7.557837415	8.693582354	10
息票 4 现值	6.187833918	6.570468198	7.557837415	8.693582354
票面现值	61.87833918	65.70468198	75.57837415	86.93582354
兑现息票		108.9580761	121.266028	134.4715491
债券增加量		1.230795186	1.320552108	
债券持有量	10.89580761	12.1266028	13.44715491	

考虑一支附息债券，其面值为 F，到期日为 τn_N，并且在每一个离散时间点 $0 < \tau n_1 < \tau n_2 < \cdots < \tau n_N$ 上分别可以得到息票 $C_1, C_2, \cdots, C_N$。令 $y(0)$ 为当前收益率，简记作 y，那么该债券的当前价格是

$$P(y) = C_1 e^{-\tau n_1 y} + C_2 e^{-t n_2 y} + \cdots + C_N e^{-\tau n_N y} + F e^{-\tau n_N y}$$

$P(y)$ 关于 y 的导数是

$$\frac{d}{dy} P(y) = -\tau n_1 C_1 e^{-\tau n_1 y} - \tau n_2 C_2 e^{-\tau n_2 y} - \cdots - \tau n_N C_N e^{-\tau n_N y} - \tau n_N F e^{-\tau n_N y}$$

引入函数 $D(y)$ 如下

$$D(y) = \frac{\tau n_1 C_1 e^{-\tau n_1 y} + \tau n_2 C_2 e^{-\tau n_2 y} + \cdots + \tau n_N (C_N + F) e^{-\tau n_N y}}{P(y)} \tag{4.5}$$

称 $D(y)$ 为附息债券的**久期**（**duration**）。显然

$$P'(y) = -D(y) P(y)$$

等价地，我们可以得到

$$D(y) = -\frac{P'(y)}{P(y)}$$

如果投资一支债券，欲在 t 时刻回收投资，那么这笔能够投资单支债券的资金的将来值（在 t 时刻）是

$$P(y) e^{ty}$$

上式可看作是关于 y 的函数，函数值将随着收益率 y 的变化而改变。此函数的变化率为

$$\frac{d}{dy} [P(y) e^{ty}] = P'(y) e^{ty} + t P(y) e^{ty} = (t - D(y)) P(y) e^{ty}$$

如果 t 恰好是付息债券的久期，显然有

$$\frac{d}{dy} [P(y) e^{ty}] = 0$$

这就是说，如果在债券的久期时终止投资，那么收益率的微小变化对于投资的将来值的影响并不大，这就是久期的实用意义。

例4.5　一份 6 年期债券，面值为 100 元，每年附息 10 元，若收益率为 6%，那么该债券的久期为多少。

解： 事实上，$y=6\%$，根据债券久期的计算式（4.5）可得

$$D(y) = \frac{10e^{-y} + 2 \cdot 10e^{-2y} + \cdots + 5 \cdot 10e^{-5y} + 6 \cdot 110e^{-6y}}{10e^{-y} + 10e^{-2y} + \cdots + 10e^{-5y} + 110e^{-6y}} \approx 4.898$$

命题 4.2　任意零息债券的久期是该债券的到期日。

证明从略。

思考题

4.2.1　完成例 4.3 中情形 3 条件下的相关计算。

4.2.2　证明命题 4.2。

4.2.3　一份面值为 100 元的 5 年期债券，每年附息 5 元，若收益率为 5%，那么该债券的久期是多少？

4.3　债券的投资组合

这一部分，我们将通过几个实例分析来说明如何对不同类型的债券进行组合投资，以达到预期目的。

例 4.6　根据式（4.5），我们不难计算出如下两种债券的久期。若初始利率是 14%，那么一份面值为 100 元的 4 年期债券，每年支付 10 元息票，其久期为 3.44 年。一份面值为 100 元的 1 年期零息债券，其久期为 1 年。

由这两种债券构成的投资组合，对于每一种债券都可以看作是一个单一债券，面值为 100 元，且附息 110 元、10 元、10 元、10 元，那么此投资组合的久期为 2.21 年。

一项投资组合由 a 份 A 类型债券和 b 份 B 类型债券，下面一起来讨论该投资组合的久期。用 $aA + bB$ 记这项投资组合，那么其现值为

$$P_{aA+bB}(y) = aP_A(y) + bP_B(y)$$

对 $P_{aA+bB}(y)$ 求关于 y 的导数是

$$\frac{d}{dy}P_{aA+bB}(y) = aP'_A(y) + bP'_B(y)$$

$$= -aD_A(y)P_A(y) - bD_B(y)P_B(y)$$

因此，根据久期的定义，可以得到 $aA + bB$ 的久期是

$$D_{aA+bB}(y) = -\frac{P'_{aA+bB}(y)}{P_{aA+bB}(y)} = \frac{aD_A(y)P_A(y) + bD_B(y)P_B(y)}{aP_A(y) + bP_B(y)}$$

$$= D_A(y)w_A(y) + D_B(y)w_B(y) \tag{4.6}$$

此处令 $w_A(y) = \dfrac{aP_A(y)}{aP_A(y) + bP_B(y)}$，$w_B(y)) = \dfrac{bP_B(y)}{aP_A(y) + bP_B(y)}$。

例 4.7 令 $D_A = 1$，$D_B = 3$，$P_A = 0.92$ 以及 $P_B = 1.01$。用 1000 元进行 6 个月的投资。试构造一种投资组合使得其久期与投资时间一致。

解： 考虑投资组合 $aA + bB$，我们有

$$\begin{cases} 0.5 = D_{aA+bB} = D_A w_A + D_B w_B = w_A + 3w_B \\ w_A + w_B = 1 \end{cases}$$

解此线性方程组可得

$$\begin{cases} w_A = 1.25 \\ w_B = -0.25 \end{cases}$$

由于 $w_A = aP_A/1000$，我们可以得到

$$a = \frac{1000w_A}{P_A} = \frac{1250}{0.92} \approx 1358.70$$

类似地，也可以计算出

$$b = \frac{1000w_B}{P_B} = \frac{-250}{1.01} \approx -247.52$$

因此，所要构造的投资组合是：投资买入 1250 元的债券 A（买入 1358.70份），并且发行 250 元的债券 B（发行 247.52 份）。

注： 即便一项投资组合按照其久期与投资实际时长一致的情况进行配比，这种情况也只在初始时刻有效。

思考题

4.3.1 设 $D_A = 2$，$D_B = 3.4$，$P_A = 0.98$ 以及 $P_B = 1.02$。假设有一项由两种债券构成久期为 5 年的投资组合，价值 10000 元试计算其中持有 A 类型债券和 B 类型债券的份额。

4.4 期限结构（Term structure）

不同到期日的单位零息债券价格 $B(n,N)$ 可以构成一族收益率 $y(n,N)$，其关系可通过下式表达

$$B(n,N) = e^{-(N-n)\tau y(n,N)}$$

我们称二元函数 $y(n,N)$ 为利率的**期限结构**，由当前价格决定的收益率 $y(0,N)$ 称作即期利率（spot rate）。初始期限结构 $y(0,N)$（即期利率）是关于变量 N 的一元函数。通常这是一个递增函数，但是其他的期限结构图形可以通过金融市场观察到。

回顾一下，一支附息债券，其面值为 F，到期日为 τn_N，并且在每一个离散时间点 $0 < \tau n_1 < \tau n_2 < \cdots < \tau n_N$ 上分别可以得到息票 $C_1, C_2, \cdots, C_N$，其价格作为未来付款的现值，可用局部比率表示如下

$$P = C_1 e^{-\tau n_1 y(0,n_1)} + C_2 e^{-\tau n_2 y(0,n_2)} + \cdots + C_N e^{-\tau n_N y(0,n_N)} + Fe^{-\tau n_N y(0,n_N)}$$

到期收益率（yield to maturity）常常出现在金融新闻报道中，我们用 y 表示到期收益率，它满足方程

$$P = C_1 e^{-\tau n_1 y} + C_2 e^{-\tau n_2 y} + \cdots + C_N e^{-\tau n_N y} + Fe^{-\tau n_N y}$$

计算上，我们可以利用牛顿先迭代法求得 y 的近似值。

知识回顾

牛顿迭代法是指方程 $f(x) = 0$ 的解可由如下迭代逼近

$$x_{n+1} = x_n - \frac{f(x_n)}{f'(x_n)} \qquad n = 0, 1, \cdots$$

这里 x_0 是一个事先猜测的解。

例 4.8　给定即期利率分别为 $y(0,1) = 8\%$，$y(0,2) = 7.5\%$，$y(0,3) = 7\%$，对于面值为 100 元，年息票为 5 元的债券，其现值为多少？其到期收益率为多少？

解：该债券的现值为

$$P = C_1 e^{-\tau n_1 y(0,n_1)} + C_2 e^{-\tau n_2 y(0,n_2)} + \cdots + C_N e^{-\tau n_N y(0,n_N)} + Fe^{-\tau n_N y(0,n_N)}$$

$$= 5e^{-0.08} + 5e^{-2 \cdot 0.075} + 105e^{-3 \cdot 0.07}$$
$$\approx 94.0305$$

到期收益率 y 满足下式

$$P = 5e^{-y} + 5e^{-2y} + 105e^{-3y}$$

根据牛顿迭代法求解该方程，得 $y \approx 0.0729 = 7.29\%$。

　　要确定初始期限结构，我们需要知道零息债券的价格。然而，对于到期时间较长的债券，通常我们用息票进行交易。因此，有必要将附息债券分解为若干零息债券。

　　例 4.9　假设有一支面值为 100 元的 1 年期零息债券，其交易价为 94.03 元，还有一支面值为 100 元的 2 年期债券，年息票为 5 元，其交易价为 97.50 元。对于收益率 $y(0,1)$ 和 $y(0,2)$，我们有如下方程组

$$\begin{cases} 94.03 = 100e^{-y(0,1)} \\ 97.50 = 5e^{-y(0,1)} + 105e^{-2y(0,2)} \end{cases}$$

解该方程组，我们可以得到 $y(0,1) \approx 0.0616 = 6.16\%$ 和 $y(0,2) \approx 0.0618 = 6.18\%$。

　　实际上，如果将债券与息票分开，那么我们将得到一支面值为 100 元的 2 年期零息债券，其交易价格为

$$97.50 - 5e^{-y(0,1)} - 5e^{-2y(0,2)} = 100e^{-2y(0,2)} \approx 88.37 \text{ 元}$$

　　命题 4.3　若期限结构确定，那么无套利原理将意味着下式成立

$$B(0,N) = B(0,n) \cdot B(n,N)$$

　　证明： 若 $B(0,N) < B(0,n) \cdot B(n,N)$，那么在 $t = 0$ 时刻

　　● 在 $t = 0$ 时刻，发行 $B(n,N)$ 份到期日为 n 的单位债券，用所得资金购买 1 份到期日为 N 的债券。这时，我们已获得

$$B(t,n) \cdot B(n,N) - B(0,N) > 0$$

　　● 在 $t = n$ 时刻，再发行 1 份到期日为 N 的单位债券，用所得资金偿还在 $t = 0$ 时刻发行的债券。

　　● 在 $t = n$ 时刻，兑现 $t = 0$ 时刻购得的单位债券，其所得正好偿还在

$t=n$时刻发行的单位债券。

显然，上述方案产生无风险收益 $B(t,n)\cdot B(n,N)-B(0,N)>0$，这与无套利原理矛盾。

关于 $B(0,N)>B(0,n)\cdot B(n,N)$ 时导致套利产生的证明，这里从略，留给读者自行解决。

命题4.3告诉我们，如果期限结构确定，那么

$$B(n,N)=\frac{B(0,N)}{B(0,n)}=e^{\tau n y(0,n)-\tau N y(0,N)}$$

这就意味着，所有债券的价格由初始期限结构决定，不过这并非实际情况，因为现实操作中期限结构是随机的。

思考题

4.4.1 完成命题4.3剩下的部分的证明。

4.4.2 假设有一支面值为100元的1年期零息债券，其交易价为94.10元，另有一支面值为100元的2年期债券，年息票为5元，其交易价97.60元，还有一支面值为100元的3年期债券，年息票为6元，其交易价99.10元。试计算收益率 $y(0,1)$，$y(0,2)$ 和 $y(0,3)$。

4.5 远期利率（Forward rate）及货币市场

由于利率是一个随机变量，人们需要提前制定投资策略以确保资金安全，现实中这不仅是可能做到的，亦是必要做的。

令 $0\leq M<N$，$t=0$时刻决定的区间 $[M,N]$ 上的初始远期利率 $f(0,M,N)$ 定义为

$$B(0,N)=B(0,M)e^{-(N-M)\tau f(0,M,N)}$$

这里

$$f(0,M,N)=-\frac{\ln B(0,N)-\ln B(0,M)}{\tau(N-M)}$$

由于 $B(0,N)$ 和 $B(0,M)$ 在 $t=0$ 时刻都是已知的，所以初始远期利率是确

定的。事实上，初始远期利率能够通过初始期限结构表示，其表达关系如下

$$f(0,M,N) = - \frac{Ny(0,N) - My(0,M)}{\tau(N-M)}$$

一般地，由 $t = n(0 \leqslant n < M < N)$ 时刻决定的区间 $[M,N]$ 上的初始远期利率 $f(n,M,N)$ 定义为

$$B(n,N) = B(n,M)e^{-(N-M)\tau f(n,M,N)}$$

整理上式，可得关于 $f(n,M,N)$ 的表达式为

$$f(n,M,N) = - \frac{\ln B(n,N) - \ln B(n,M)}{\tau(N-M)}$$

$$= \frac{(N-n)y(n,N) - (M-n)y(n,M)}{N-M} \tag{4.7}$$

瞬时远期利率 $f(n,N) = f(n,N,N+1)$ 即为在一个步长区间 $[N,N+1]$ 的远期利率。通常情况下，当步长 τ 为一天时，瞬时远期利率对应于完整一天的存款或贷款。因此，我们可以将（4.7）式改写为

$$f(n,N) = (N+1-n)y(n,N+1) - (N-n)y(n,N)$$

特别地

$$f(n,n) = y(n,n+1)。$$

命题 4.4 债券价格可由下式给定

$$B(n,N) = \exp(-\tau(f(n,n)+f(n,n+1)+\cdots+f(n,N-1)))$$

证明：回顾之前所述，对于 $j \geqslant n$，我们有

$$f(n,j) = - \frac{\ln B(n,j+1) - \ln B(n,j)}{\tau}$$

因此

$$-\tau \sum_{j=n}^{N-1} f(n,j) = \ln B(n,N) - \ln B(n,n) = \ln B(n,N)$$

这将产生预期结果。

由于 $B(n,N) = e^{-(N-n)\tau y(n,N)}$，根据命题 4.4，我们能够得到

$$f(n,N) = \frac{f(n,n)+f(n,n+1)+\cdots+f(n,N-1)}{N-n}。$$

货币市场账户

短期利率可通过 $r(n) = f(n,n) = y(n,n+1)$ 来定义。货币市场账户 $A(n), n \geq 1$，用下式定义

$$A(n) = A(0)\exp(\tau(r(0) + r(1) + \cdots + r(n-1)))$$

$A(n)$ 是一个随机变量，不同于确定的 $A(0)\exp(\tau n y(0,n))$。

例 4. 10 令 $\tau = \dfrac{1}{12}$，债券价格、收益率、远期利率、短期利率以及货币市场账户如下表

表 4 - 4

债券价格			
$B\ (n,N)$	$n = 0$	$n = 1$	$n = 2$
$N = 1$	0.9905		
$N = 2$	0.982	0.9923	
$N = 3$	0.9706	0.9828	0.991
到期收益率			
$y\ (n,N)$	$n = 0$	$n = 1$	$n = 2$
$N = 1$	0.114545		
$N = 2$	0.108984	0.092758	
$N = 3$	0.119363	0.104098	0.108489
远期利率			
$f\ (n,N-1)$	$n = 0$	$n = 1$	$n = 2$
$N = 1$	0.114545		
$N = 2$	0.103423	0.092758	
$N = 3$	0.140122	0.115438	0.108489
短期利率			
$r\ (n)$	$n = 0$	$n = 1$	$n = 2$
	0.114545	0.092758	0.108489
货币市场账户 $A(0) = 1$			
$A\ (n)$	$n = 0$	$n = 1$	
	1	1.009591	1.017425	1.026665

第 5 章　投资组合管理

投资组合管理是指按照一定的资产选择与投资组合对资产进行多元化管理。例如，基金经理一方面可以通过组合投资的方法来减少系统风险，另一方面可以通过各种风险管理措施来对基金投资的系统风险进行对冲，从而有效降低投资风险。在设计投资组合时，一般依据两个基本原则：在风险一定的条件下，保证组合收益的最大化；在一定的收益条件下，保证组合风险的最小化。本章我们将基于这两个基本原则对投资组合管理进行介绍和分析。

实际操作中，人们总是按照离散时间进行交易。在离散时间的假设前提下来思考金融市场时间模型具有较好的现实意义，也非常有利于人们更好地认识连续时间模型。

5.1　自融资及可预测策略

本章节，我们假定时间以固定长度 $\tau(>0)$ 作为单位计时，这个时间的固定长度可以是 1 小时、1 天或其他时间单位。经过 n 个计时长度所对应的时刻为 $t = n\tau$。

考虑一项由 m 种风险资产 $S_1, S_2, \cdots, S_m$ 和无风险资产 A（如债券）构成的投资组合，在 $n = 0, 1, 2, \cdots$（或 $t = 0, \tau, 2\tau, \cdots$）时刻的价格分别为

$$S_1(n), S_2(n), \cdots, S_m(n), A(n)$$

这些资产的份数分别为

$$x_1, x_2, \cdots, x_m, y$$

假设这些份数可以为任意实数：正数、负数或零，则在时刻 n 该投资组合的价值为

$$V(n) = \sum_{j=1}^{m} x_j S_j(n) + yA(n) \tag{5.1}$$

引入向量 $(x_1,x_2,\cdots,x_m,y)$，称其为组合向量（position vector），一项投资组合可以利用组合向量 $Z=(x_1,x_2,\cdots,x_m,y)$ 方便地表示出来。比方说，一个组合向量 $(10,3,-5.5,0)$，就意味着该投资组合由 10 份股票 S_1，3 份股票 S_2，-5.5 份股票 S_3 和 0 份无风险债券 A 构成。

实际上，在任意时刻的组合向量都可以通过股票或债券的买卖而变化。理想的资本市场上存在 $m+1$ 种资产，基于此，我们用

$$x_1(n), x_2(n), \cdots, x_m(n), y(n)$$

分别表示投资者在时间段 $[n-1,n)$ 内投资股票 $S_1,S_2,\cdots,S_m$ 和债券 A 的份数。这里，$S_j(n)$ 为股票 S_j 在时刻 n 的价值，而 $x_j(n)$ 表示投资者在时间区间 $[n-1,n)$ 内所持有股票 S_j 的份数。我们假设从 $n-1$ 时刻到 n 时刻，组合向量没有发生改变，即在时间段 $[n-1,n)$ 内没有买卖发生。组合向量只有在时间点 $n=0,1,2,\cdots$ 上才会发生改变，所以投资决策执行／实施也只有发生在 $n=0,1,2,\cdots$ 这些离散的时间点上，坚持投资策略，或者调整投资策略。

资产组合的总收益率 令 $w_i(t)$ 为 t 时刻，投资在第 i 种风险资产上的财富占总财富数量的相对份额，则 $1-\sum_{i}^{m} w_i(t)$ 就是投资在无风险资产上的财富份额。因此整个资产组合的总收益率为

$$K_r(t) = \sum_{i=1}^{m} w_i(t) K_i(t) + \left[1-\sum_{i=1}^{m} w_i(t)\right] K_A(t)$$

$$= \sum_{i=1}^{m} w_i(t) [K_i(t) - K_A(t)] + K_A(t) \tag{5.2}$$

这里 $K_i(t)$ 是第 i 种风险资产的收益率。

例 5.1 若 $m=2$，假定在某一市场情形下，股票 S_1，S_2 和债券 A 有如下价格

$$S_1(0)=60, \ S_1(1)=65, \ S_1(2)=75,$$
$$S_2(0)=20, \ S_2(1)=15, \ S_2(2)=25,$$
$$A(0)=100, \ A(1)=110, \ A(2)=121。$$

在初期 $t=0$，将本金 $V(0)=3000$ 元进行投资，令 $x_1(1)=20$ 份股票 S_1，$x_2(1)=60$ 份股票 S_2 和 $y(1)=6$ 份债券形成的一项投资组合，从而该投资组合的初始值为

$$V(0)=x_1(1)S_1(0)+x_2(1)S_2(0)+y(1)A(0)$$
$$=20 \cdot 60+60 \cdot 20+6 \cdot 100=3000$$

在 $t=1$ 时，该投资组合的价值为

$$V(1)=x_1(1)S_1(1)+x_2(1)S_2(1)+y(1)A(1)$$
$$=20 \cdot 65+60 \cdot 15+6 \cdot 110=2860$$

在 $t=1$ 时，既然总价值保持 2860 元不变，那么组合向量可以通过买卖某些股票或债券加以改变。例如，以时间区间 $t=1$ 作为开始时刻，投资者可构造一个新的投资组合：$x_1(2)=36$，$x_2(2)=64$ 和 $y(2)=-4$。事实上，这个新投资组合（在 $t=1$ 时）的初始价值为

$$x_1(2)S_1(1)+x_2(2)S_2(1)+y(2)A(1)$$
$$=36 \cdot 65+64 \cdot 15+(-4) \cdot 110=2860$$

然而，基于新的投资组合方案，在 $t=2$ 时，该投资组合的价值为

$$V(2)=x_1(2)S_1(2)+x_2(2)S_2(2)+y(2)A(2)$$
$$=36 \cdot 75+64 \cdot 25+(-4) \cdot 121=3816$$

相类似地，在 $t=2$ 时，保持总价值 3816 元不变，投资组合的组合向量可以再次通过每一个分量 $x_j(3)$ 的调整而修正，依次类推。

下图直观地表示了 $x_j(n)$ 与 $S_j(n)$ 的关系

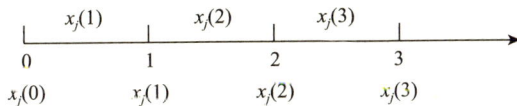

图 5-1

记 $t=n$ 时，投资组合的组合向量 $Z(n)=(x_1(n),x_2(n),\cdots,x_m(n),y(n))$，$n=1,2,3,\cdots$，投资组合序列 $\{z(n)\}$，称为一个投资策略（investment strategy）。在 $n \geq 1$ 时，该策略的价值为

$$V(n)=\sum_{j=1}^{m} x_j(n)S_j(n)+y(n)A(n) \tag{5.3}$$

其初始值为

$$V(0) = \sum_{j=1}^{m} x_j(1)S_j(0) + y(1)A(0)$$

我们知道投资组合的价值在任何时刻均为非负，即

$$V(n) \geq 0, n = 0,1,2,\cdots$$

如果对于某项组合，在 $n \geq 0$ 并且直到下一个时刻 $n+1$，其所有投资资金完全基于当前财富 $V(n)$ 进行融资，则称该投资决策是自融资的（self-financing），即

$$\sum_{j=1}^{m} x_j(n+1)S_j(n) + y(n+1)A(n) = V(n) \qquad (5.4)$$

利用 (5.3) 式，(5.4) 式等价于

$$\sum_{j=1}^{m} (x_j(n+1) - x_j(n))S_j(n) + (y(n+1) - y(n))A(n) = 0 \quad (5.5)$$

换句话说，在 $t = n$ 时刻改变股票和债券的份数并没有改变该投资组合的价值。

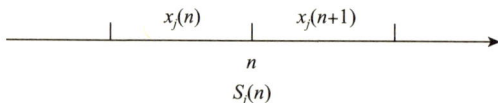

图 5-2

对(5.5)式进行合并整理，可得

$$V(n) = \sum_{j=1}^{m} x_j(n+1)S_j(n) + y(n+1)A(n) \qquad (5.6)$$

显然，例 5.1 就是一个自融资投资策略的例子。**自融资表明投资组合发生变化的瞬间，其总价值保持不变。**换句话说，$[n, n+1)$ 时间段内无新资本的注入、取出或消费，在买卖（或交易）的瞬间，总价值保持不变。对于自融资这一投资的前提条件，常常被人们忽略，它是投资者必须面对，却又无法进行预测。

对于每一个 $n = 0,1,2,\cdots$，若在 n 时刻构造的投资组合仅依赖于到达时刻 n 的市场信息，那么我们称该投资策略为可预测的（predictable）。

命题 5.1 对于给定的初始资产 $V(0)$ 和可预测的风险资产组合向量序列

$$X(n) = (x_1(n), x_2(n), \cdots, x_m(n)), n = 1,2,3,\cdots$$

我们总能找到一个与其相应的序列 $\{y(n)\}$，作为无风险资产的投资份额，使得投资组合 $Z(n) = (X(n), y(n))$ 是一个可预测的自融资投资策略。

证明：可预测的要点是只能依赖时刻 $n \geq 1$ 及之前的市场信息，令

$$y(1) = \frac{V(0) - [x_1(1)S_1(0) + \cdots + x_m(1)S_m(0)]}{A(0)} \qquad (5.7)$$

由此我们可以计算出

$$V(1) = x_1(1)S_1(1) + \cdots + x_m(1)S_m(1) + y(1)A(1) \qquad (5.8)$$

类似地，可以构造出 $y(2)$

$$y(2) = \frac{V(1) - [x_1(2)S_1(1) + \cdots + x_m(2)S_m(1)]}{A(1)} \qquad (5.9)$$

$$V(2) = x_1(2)S_1(2) + \cdots + x_m(2)S_m(2) + y(2)A(2) \qquad (5.10)$$

依此类推。显然，这种定义方式构成了一个自融资投资策略。因为 $y(n+1)$ 是根据 n 时刻的股票和债券的价格而构成，所以这个自融资策略是可预测的。

例 5.2　如果资产的价格如例 5.1 所示，投资者在第一步与第二步可预测的自融资投资策略中，拥有初始本金 $V(0) = 300$ 元，风险资产向量

$$x_1(1) = 35.24 \qquad x_1(2) = -40.50$$
$$x_2(1) = 24.18 \qquad x_2(2) = 10.13$$

（1）试求投资者投资债券 $y(1)$ 和 $y(2)$ 的数量；

（2）试求该投资策略在 $t = 1$ 时的价值 $V(1)$ 和 $t = 2$ 时的价值 $V(2)$。

解：我们可以用命题 5.1 证明过程中的 (5.7) - (5.10) 式，计算得到

$$y(1) = \frac{V(0) - [x_1(1)S_1(0) + x_2(1)S_2(0)]}{A(0)}$$

$$= \frac{300 - \lfloor 35.24 \cdot 60 + 24.18 \cdot 20 \rfloor}{100} = -22.98$$

$$V(1) = x_1(1)S_1(1) + x_2(1)S_2(1) + y(1)A(1)$$

$$= 35.24 \cdot 65 + 24.18 \cdot 15 + (-22.98) \cdot 110 = 125.50$$

$$y(2) = \frac{V(1) - [x_1(2)S_1(1) + x_2(2)S_2(1)]}{A(1)}$$

$$= \frac{125.50 - [-40.50 \cdot 65 + 10.13 \cdot 15]}{110} \approx 23.69$$

$$V(2) = x_1(2)S_1(2) + x_2(2)S_2(2) + y(2)A(2)$$

$$= 40.50 \cdot 75 + 10.13 \cdot 25 + 23.69 \cdot 121 = 82.40$$

若某项投资策略是自融资的、可预测的，并且对于每一个 $n = 0,1,2,\cdots$，$V(n)$ 依概率1取值非负，则称该投资策略是可接受的（admissible）。

从理论上讲，只要存在某个 $V(i) < 0$，则 i 时期的投资策略是不可接受的。然而，从实际操作上来看，具有负值的投资组合是不可能的。为防止负值的产生，追加资金便成为必要的投资活动。

思考题

5.1.1　如果资产的价格如例题5.1所示，投资者在第一个与第二个可预测的自融资的投资决策中，拥有初始本金 $V(0) = 1000$ 元，风险资产向量

$$x_1(1) = 70, \quad x_1(2) = 40$$

$$x_2(1) = 50, \quad x_2(2) = -20$$

（1）试求投资者投资债券 $y(1)$ 和 $y(2)$ 的数量；

（2）试求该投资策略在 $t = 1$ 时刻的价值 $V(1)$ 和 $t = 2$ 时刻的价值 $V(2)$。

5.1.2　假设股票和债券的价格依然如例题5.1所示，并且 $V(0) = 1000$ 元，构造一个投资策略是不可接受的（提示：即找一个投资策略，使其满足 $V(1) < 0$）。

5.2　两支股票组合

假设一项投资组合 V 有 x_1 份股票 S_1 和 x_2 份股票 S_2 组成，即

$$V = \{(x_1, S_1), (x_2, S_2)\}$$

那么我们知道在 $t = 0$ 时刻，投资总额有

$$V(0) = x_1 S_1(0) + x_2 S_2(0)$$

而在 $t=1$ 时刻，有

$$V(1) = x_1 S_1(1) V + x_2 S_2(1)$$

因此，投资组合 V 在时间区间 $[0,1]$ 上的回报率为

$$K_V = \frac{V(1) - V(0)}{V(0)} = w_1 K_1 + w_2 K_2$$

这里 K_1 和 K_2 分别为股票 S_1 和 S_2 在时间区间 $[0,1]$ 上的回报率，且

$$w_1 = \frac{x_1 S_1(0)}{V(0)} \text{ 且 } w_2 = \frac{x_2 S_2(0)}{V(0)}$$

w_1, w_2 为在 $t=0$ 时刻股票 S_1 和 S_2 在该投资组合中所占的权重。

命题 5.2　由两只股票组成的投资组合的回报率 K_V 是加权平均

$$K_V = w_1 K_1 + w_2 K_2$$

这里，w_1 和 w_2 是权重，K_1 和 K_2 分别是两只股票的回报率。

等价地，对数回报率 $k_V = \ln(1+K_V)$ 和 $k_i = \ln(1+K_i), i=1,2$，满足关系

$$\exp(k_V) = w_1 \exp(k_i) + w_2 \exp(k_2)$$

证明：略。

命题 5.3　设由两只股票组成的投资组合的回报率为 K_V，w_1 和 w_2 是权重，K_1 和 K_2 分别是两只股票的回报率，则 K_V 的期望与方差分别为

$$E(K_V) = w_1 E(K_1) + w_2 E(K_2)$$
$$Var(K_V) = w_1^2 Var(K_1) + w_2^2 Var(K_2) + 2 w_1 w_2 Cov(K_1, K_2)$$

证明：根据前面提到的数学期望的基本性质和命题 5.2，我们可以很容易得到命题的第一个结论。又因为 $K_V = w_1 K_1 + w_2 K_2$，结合方差的基本性质，则有

$$\begin{aligned}
Var(K_V) &= Var(w_1 K_1 + w_2 K_2) \\
&= Var(w_1 K_1) + Var(w_2 K_2) + 2 Cov(w_1 K_1, w_2 K_2) \\
&= w_1^2 Var(K_1) + w_2^2 Var(K_2) + 2 w_1 w_2 Cov(K_1, K_2)
\end{aligned}$$

原命题得证。

若记

$$\mu_i = E(K_i), \ \sigma_i = \sqrt{Var(K_i)}, \ i=1,2;$$
$$\mu_V = E(K_V), \ \sigma_V = \sqrt{Var(K_V)} \text{ 和 } \rho_{12} = \frac{Cov(K_1, K_2)}{\sigma_1 \sigma_2}（\text{相关系数}），$$

那么我们可将命题5.3的结论改写为

$$\mu_V = w_1\mu_1 + w_2\mu_2$$
$$\sigma_V^2 = w_1^2\sigma_1^2 + w_2^2\sigma_2^2 + 2w_1w_2\sigma_1\sigma_2\rho_{12}$$

例5.3 假设由市场信息知，股票 S_1 和 S_2 的回报率 K_1 和 K_2 如下所示

市场情景	概率	回报率 K_1	回报率 K_2
ω_1(繁荣)	0.4	-10%	20%
ω_2(停滞)	0.2	0%	20%
ω_3(衰退)	0.4	20%	10%

若某项投资组合中股票 S_1 和 S_2 所占权重分别为 $w_1 = 40\%$ 和 $w_2 = 60\%$，求利用预期收益的方差刻画的该投资组合的风险。

解： 利用期望和方差的计算公式可得

$$\mu_1 = E(K_1) = -0.1 \cdot 0.4 + 0 \cdot 0.2 + 0.2 \cdot 0.4 = 0.04$$
$$\mu_2 = E(K_2) = 0.2 \cdot 0.4 + 0.2 \cdot 0.2 + 0.1 \cdot 0.4 = 0.16$$

由于

$$E(K_1^2) = (-0.1)^2 \cdot 0.4 + 0^2 \cdot 0.2 + 0.2^2 \cdot 0.4 = 0.02$$
$$E(K_2^2) = 0.2^2 \cdot 0.4 + 0.2^2 \cdot 0.2 + 0.1^2 \cdot 0.4 = 0.028$$
$$E(K_1K_2) = (-0.1) \cdot 0.2 \cdot 0.4 + 0 \cdot 0.2 \cdot 0.2 + 0.2 \cdot 0.1 \cdot 0.4$$
$$= 0$$

从而，可以得到两支股票预期收益率的方差分别为

$$\sigma_1^2 = E(K_1^2) - E(K_1)^2 = 0.02 - (0.04)^2 = 0.0184$$
$$\sigma_2^2 = E(K_2^2) - E(K_2)^2 = 0.028 - (0.16)^2 = 0.0024$$
$$Cov(K_1, K_2) = E(K_1K_2) - E(K_1)E(K_2)$$
$$= 0 - 0.04 \cdot 0.16 = -0.0064$$

因此，标准差与相关系数为

$$\sigma_1 \approx 0.1356, \quad \sigma_2 \approx 0.049 \text{ 和 } \rho_{12} \approx -0.96309$$

利用命题5.3，我们就有

$$\sigma_V^2 = w_1^2\sigma_1^2 + w_2^2\sigma_2^2 + 2w_1w_2\sigma_1\sigma_2\rho_{12}$$
$$\approx 0.4^2 \cdot 0.0184 + 0.6^2 \cdot 0.0024 +$$
$$2 \cdot 0.4 \cdot 0.6 \cdot 0.1356 \cdot 0.049 \cdot (-0.96309)$$
$$\approx 0.000736$$

我们注意到 σ_V^2 比 σ_1^2 和 σ_2^2 都小，即投资组合的风险比任一股票的风险都小。

人们通常所说的组合，实际上是投资者不把所有的资金全部用于一种投资方式，比如不是全部用来投资一支股票，而是多支股票、证券、保险、期货、各类无风险资产等多种投资方式同时进行，这样的做法主要出于分散风险的考虑。事实上，投资组合理论就是怎样设计投资资金的分布，在最大收益和最小风险之间找到多样性的平衡。"把鸡蛋分放在不同的篮子里"就是出于这样的考虑，即使部分篮子摔了，也不至于导致弄破全部的鸡蛋。

命题 5.4 如果卖空是不允许的，则投资组合的方差 σ_V^2 不超过两项风险投资的方差 σ_1^2 和 σ_2^2 中的最大者，即 $\sigma_V^2 \leqslant \max\ \{\sigma_1^2, \sigma_2^2\}$。

证明：不失一般性，假定 $\sigma_1^2 \leqslant \sigma_2^2$。由于卖空不存在，则 $w_1, w_2 \geqslant 0$，并且

$$w_1\sigma_1 + w_2\sigma_2 \leqslant w_1\sigma_2 + w_2\sigma_2 = \sigma_2$$

由于相关系数 $-1 \leqslant \rho_{12} \leqslant 1$，我们有如下推导

$$\sigma_V^2 = w_1^2\sigma_1^2 + w_2^2\sigma_2^2 + 2w_1w_2\sigma_1\sigma_2\rho_{12}$$
$$\leqslant w_1^2\sigma_1^2 + w_2^2\sigma_2^2 + 2w_1w_2\sigma_1\sigma_2$$
$$= (w_1\sigma_1 + w_2\sigma_2)^2 \leqslant \sigma_2^2$$

命题 5.4 验证了前面提到的常识：多样投资，减少风险！

投资组合是指投资人或金融机构所持有的股票种类所组成的集合。除了收益之外，投资组合的目的还在于分散风险。组合中资产数量越多，分散风险的可能性就越大。现代的投资组合思想是：最优投资比例——组合的风险与组合中资产的收益及它们之间的比例有关，在一定条件下，存在一组使得组合风险最小且收益最大的投资比例。下面我们从最优投资比例的角度进行一些探讨。

若股票 S_1 和 S_2 的预期收益率和风险分别为 μ_1, μ_2 和 σ_1, σ_2（这里，我们用预期收益率的标准差来刻画风险）。假定股票 S_1 与 S_2 预期收益率的相关系数为 ρ_{12}。我们构造加权系数为 w_1 和 w_2 的投资组合 V，分别用 μ_V 和 σ_V 表示该投资组合的预期收益率和风险。一个理性的投资者总希望拥有的投资组合 V 具有高预期收益率 μ_V 和低风险 σ_V，因此，我们可以通过选择

适当的加权系数 w_1 和 w_2 来实现这个目标。

命题 5.5 a）如果 $\rho_{12}=1$，$\sigma_1 \neq \sigma_2$，则 $\sigma_V=0$ 时的加权系数为

$$w_1 = -\frac{\sigma_2}{\sigma_1-\sigma_2} \text{ 和 } w_2 = \frac{\sigma_1}{\sigma_1-\sigma_2}$$

注1：由于权系数 w_1 和 w_2 中必有一个为负值，此时卖空必然存在。

b）如果 $\rho_{12}=-1$，则 $\sigma_V=0$ 时的权系数为

$$w_1 = \frac{\sigma_2}{\sigma_1+\sigma_2} \text{ 和 } w_2 = \frac{\sigma_1}{\sigma_1+\sigma_2}$$

注2：由于权系数 w_1 和 w_2 均为正值，此时卖空必然不存在。

证明：如果 $\rho_{12}=1$，则有

$$\sigma_V^2 = w_1^2\sigma_1^2 + w_2^2\sigma_2^2 + 2w_1w_2\sigma_1\sigma_2\rho_{12} = (w_1\sigma_1+w_2\sigma_2)^2$$

因此，$\sigma_V=0$ 当且仅当 $w_1\sigma_1+w_2\sigma_2=0$。由于 w_1 和 w_2 为权系数，则有 $w_1+w_2=1$。解此线性方程组

$$\begin{cases} w_1\sigma_1+w_2\sigma_2=0 \\ w_1+w_2=1 \end{cases}$$

便可得到命题中的 a）结论。

如果 $\rho_{12}=-1$，那么

$$\sigma_V^2 = w_1^2\sigma_1^2 + w_2^2\sigma_2^2 + 2w_1w_2\sigma_1\sigma_2\rho_{12} = (w_1\sigma_1-w_2\sigma_2)^2$$

因此 $\sigma_V=0$ 当且仅当 $w_1\sigma_1-w_2\sigma_2=0$。解此线性方程组

$$\begin{cases} w_1\sigma_1-w_2\sigma_2=0 \\ w_1+w_2=1 \end{cases}$$

故可得命题中的 b）结论。

在权系数 w_1 和 w_2 的所有选择中（当然 w_1 和 w_2 还要满足条件 $w_1+w_2=1$），使得风险最小的投资组合称为最小风险投资组合（minimum risk portfolio）。如果 $\rho_{12}=\pm 1$，命题 5.5 给出了构造最小风险投资组合的方法。接下来我们的任务是对任意的 $-1<\rho_{12}<1$，构造一个最小风险投资组合。

为了使讨论更加简便，假定 $w_2=s$，那么 $w_1=1-s$。基于这种符号记法和命题 5.3，我们可得到投资组合 V 的预期收益率及风险

$$\mu_V = (1-s)\mu_1 + s\mu_2$$
$$\sigma_V^2 = (1-s)^2\sigma_1^2 + s^2\sigma_2^2 + 2s(1-s)\sigma_1\sigma_2\rho_{12}$$

进一步，我们注意到，通常情况下，上述两参数方程构成的方程组表示 $\sigma\mu$ - 平面上的双曲线的一个分支，该分支以水平横轴作为主轴，中心在 μ - 轴上且通过两点 (σ_1,μ_1) 和 (σ_2,μ_2)。例如，若 $\mu_1 = 0.1$，$\mu_2 = 0.2$，$\sigma_1 = \sigma_2$ 和 $\rho_{12} = 0.5$，则消去方程组中的参数 s，可得 $\sigma_V^2 = 100\mu_V^2 - 30\mu_V + 3$，该等式在 $\sigma\mu$ - 平面上的图像为一双曲线。假定下图为这样的双曲线的一个分支，我们很容易得到，$s = 0$ 对应的点为 (σ_1,μ_1)，$s = 1$ 对应的点为 (σ_2,μ_2)。事实上，投资组合 V 和图像上的点具有一一对应关系。

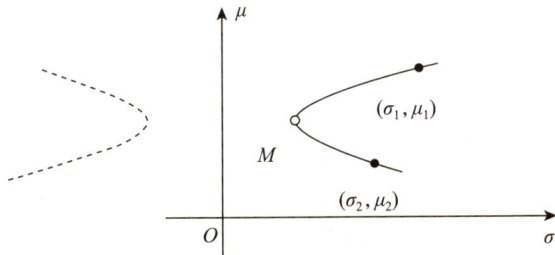

图 5 - 3

从图中，我们可以看出，M 点表示的投资组合具有最小风险，其风险的大小为双曲线两顶点间距离的一半。其围成的右侧区域为可行集，集合中的点表示投资组合可以进行，也有收益，但并没有达到风险最小，收益最大的状态。

命题 5.6 对于 $-1 < \rho_{12} < 1$，投资组合的风险（标准差）的最小值在 s_0 点取得，即

$$s_0 = \frac{\sigma_1^2 - \rho_{12}\sigma_1\sigma_2}{\sigma_1^2 + \sigma_2^2 - 2\rho_{21}\sigma_1\sigma_2}$$

证明： 我们需要找一个合适的 s 使函数

$$\sigma_V^2 = (1-s)^2\upsilon_1^2 + s^2\sigma_2^2 + 2s(1-s)\sigma_1\sigma_2\rho_{12}$$

取得最小值。为此，首先将 σ_V^2 对 s 求导，并令其导函数值为 0，即

$$2(s-1)\sigma_1^2 + 2s\sigma_2^2 + 2(1-2s)\sigma_1\sigma_2\rho_{12} = 0$$

方程的解即为 s_0。同时，注意到对 σ_V^2 求二阶导数时，有

$$2\sigma_1^2 + 2\sigma_2^2 - 4\sigma_1\sigma_2\rho_{12} > 2\sigma_1^2 + 2\sigma_2^2 - 4\sigma_1\sigma_2 = 2(\sigma_1 - \sigma_2)^2 \geqslant 0$$

二阶导数为正值。因此，当 $s = s_0$ 时，σ_V^2 取最小值。

例 5.4 利用例 5.3 中的数据，计算风险最小投资组合的加权系数，并且计算最小风险投资组合的预期收益率和最小风险各是多少。

解： 由例 5.3 知，$\sigma_1^2 = 0.0184$，$\sigma_2^2 = 0.0024$ 和 $\rho_{12} \approx -0.96309$，因此

$$s_0 = \frac{\sigma_1^2 - \rho_{12}\sigma_1\sigma_2}{\sigma_1^2 + \sigma_2^2 - 2\rho_{12}\sigma_1\sigma_2} \approx 0.73809$$

即最小风险投资组合的权系数为

$$w_1 = 1 - s_0 \approx 0.26191 \quad \text{和} \quad w_2 = s_0 \approx 0.73809$$

最小风险投资组合的预期收益率为

$$\mu_V = w_1\mu_1 + w_2\mu_2 \approx 0.26191 \cdot 0.04 + 0.73809 \cdot 0.16 \approx 0.12857$$

此投资组合的方差为

$$\sigma_V^2 = (1 - s)^2\sigma_1^2 + s^2\sigma_2^2 + 2s(1 - s)\sigma_1\sigma_2\rho_{12}$$

$$\approx (0.26191)^2 \cdot 0.0184 + (0.73809)^2 \cdot 0.0024$$

$$+ 2 \cdot (0.73809) \cdot (0.26191) \cdot \sqrt{0.0184 \cdot 0.0024} \cdot (-0.96309)$$

$$\approx 9.52299 \times 10^{-5}$$

因此，风险为 $\sigma_V \approx 0.00976$。

当然，有些投资者为获得更高的收益率宁可承担较高的风险，我们用下面这个例子来说明此类问题。

例 5.5 利用例 5.3 中的数据，构造了一个预期收益率为 14% 的投资组合，求该投资组合的风险。

解： 利用例 5.3 的计算结果 $\mu_1 = 0.04$ 和 $\mu_2 = 0.16$，有

$$\mu_V = (1 - s)\mu_1 + s\mu_2 = 0.04 + 0.12s$$

由于给定的预期收益率为 $\mu_V = 14\% = 0.14$，则有 $s = \dfrac{5}{6}$。因此所求投资组合的加权系数为 $w_1 = 1 - s = \dfrac{1}{6}$ 和 $w_2 = s = \dfrac{5}{6}$。

再利用例 5.3 的计算结果 $\sigma_1^2 = 0.0184$，$\sigma_2^2 = 0.0024$ 和 $\rho_{12} \approx -0.96309$，则有

$$\sigma_V^2 = (1 - s)^2\sigma_1^2 + s^2\sigma_2^2 + 2s(1 - s)\sigma_1\sigma_2\rho_{12}$$

$$\approx (1/6) \cdot 0.0184 + (5/6)^2 \cdot 0.0024$$

$$+ 2 \cdot (5/6) \cdot (1/6) \cdot \sqrt{0.0184 \cdot 0.0024 \cdot (-0.96309)}$$

$$\approx 0.0004$$

因此，该投资组合的风险为 $\sigma_V = 0.02$。

对于给定的两种可供选择的有价债券，一个理性的投资者会投资预期收益率高而风险（收益标准差）低的证券进行投资。从而，我们引出了下面的概念：如果 $\mu_1 \geqslant \mu_2$ 且 $\sigma_1 \leqslant \sigma_2$，则称有价证券 (σ_1, μ_1) 优于 (domi-nates) 有价证券 (σ_2, μ_2)。进一步，我们可以把此概念推广到投资组合上：如果 $\mu_V \geqslant \mu_W$ 且 $\sigma_V \leqslant \sigma_W$，则称投资组合 V **优于**投资组合 W。

例 5.6 有下图所示 U，V，W，X 和 Y 五种投资组合可供选择，请问一个理性的投资者会选择哪种？

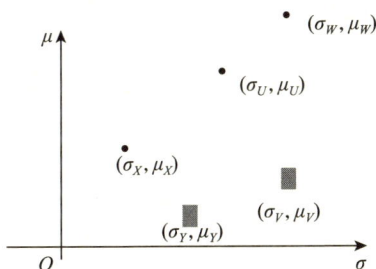

图 5 - 4

解：投资组合 Y 和 V 均不比投资组合 X 优，因此没有投资者会选择投资组合 Y 和 V。另一方面，对于投资组合 X，U 和 W，基于上面的定义，却无法比较出哪个更优。因此，投资者可能选择这几个投资组合中的某一个。

如果一个投资组合，除其本身以外没有其他的投资组合比其更优，则称该投资组合为**有效的** (efficient)。由所有可能得到的 (attainable) 投资组合中的有效投资组合的集合称为**有效边界** (efficient frontier)。如例 5.6 所示，如果所有可能得到的投资组合为 U，V，W，X 和 Y，则投资组合 X，U 和 W 构成了有效边界。

例5.7 若所有可能的投资组合如下图椭圆中的点所示，请讨论该投资组合的有效边界。

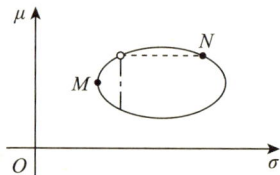

图 5 - 5

解： 有效边界是由从 M 到 N（包含 M，N 两点）的弧形上的点组成。我们可以看到：一个有效投资组合（空点），在所有的具有相同风险（虚线段部分）的可达投资组合中具有最高的预期收益率，在所有具有相同预期收益率（点线段部分）的可达投资组合中具有最低的风险。

当然，在构建好自己的组合后，投资者没有必要频繁地检查自己持有的组合，这样做不仅耗时，还很可能会导致追求基金的短期表现，从而交易频繁，发生不必要的费用和税收。从股票市场看，"懒惰"的投资者往往比"勤劳"的投资者获益更多。有些专家建议投资者每半年（或每季度）检查一下持有的组合就可以了，其目的主要是找出是否存在问题及需要采取的调整手段。

思考题

5.2.1 利用例 5.2 所提供的相关信息，计算 $Cov(K_1, K_2)$ 和 $Cov(k_1, k_2)$。

5.2.2 假定 K_1 和 K_2 分布如下所示

市场情景	概率	回报率 K_1	回报率 K_2
ω_1（繁荣）	0.3	− 10%	10%
ω_2（停滞）	0.4	0%	20%
ω_3（衰退）	0.3	20%	− 10%

a）若 $w_1 = 30\%$ 和 $w_2 = 70\%$，求该投资组合的风险。

b）若 $w_1 = 50\%$ 和 $w_2 = 50\%$，求该投资组合的风险。

c）对于上述两种投资组合，哪种情形具有更大的预期收益？

5.2.3　若 K_1 和 K_2 有如下分布

市场情景	概率	收益率 K_1	收益率 K_2
ω_1（繁荣）	0.3	− 10%	10%
ω_2（停滞）	0.4	0%	20%
ω_3（衰退）	0.3	20%	− 10%

计算最小风险投资组合的加权系数，并计算最小风险投资组合的预期收益和风险。

5.2.4　利用上一题的数据，构造了一个预期收益为 7% 的投资组合（即投资组合的权系数），并求该投资组合的风险。

5.2.5　所有可能的投资组合如下所示，求有效边界。

投资组合 →	A	B	C	D	E	F	G
σ	0.1	0.4	0.3	0.3	0.2	0.2	0.5
μ	4%	10%	8%	5%	7%	4%	6%

5.3　多支有价证券的组合

在金融（经济）分析中，我们常常借助线性代数的相关知识进行量化分析。因为，线性代数有利于简化多变量问题以及多元优化问题的表达方式及其繁琐的运算过程。本节，我们将线性代数作为基本工具对多支有价证券的组合进行分析。

假定 $V = \{(x_i, S_i) \mid i = 1,2,\cdots,n\}$ 是由 n 种不同的证券构成的投资组合，令

$$w_i = \frac{x_i S_i(0)}{V(0)}, \; i = 1,2,\cdots,n$$

从而可以得到 $t = 0$ 时刻该证券组合的权系数向量

$$\mathbf{w} = (w_1, w_2, \cdots, w_n)$$

一个可行集，也被称为可行组合，是指由所有投资组合的权系数 $\mathbf{w}$ 构成的集合，并且满足 $\mathbf{u}\mathbf{w}^T = 1$，这里 $\mathbf{u} = (1,1,\cdots,1)$。

设有价证券 S_i 的收益率为 K_i，且 $\mu_i = E(K_i)$，$i = 1,2,\cdots,n$。我们用向量 $\mathbf{m}$ 表示投资组合中每项有价证券的收益率

$$\mathbf{m} = (\mu_1, \mu_2, \cdots, \mu_n)$$

用 $c_{ij} = \mathrm{cov}(K_i, K_j)$ 表示两只有价债券 S_i 和 S_j 的回报率间的协方差，那么该投资组合各项收益率的协方差矩阵为

$$\mathbf{C} = \begin{bmatrix} c_{11} & c_{12} & \cdots & c_{1n} \\ c_{21} & c_{22} & \cdots & c_{2n} \\ \vdots & \vdots & \ddots & \vdots \\ c_{n1} & c_{n2} & \cdots & c_{nn} \end{bmatrix}$$

显然，$c_{ii} = \sigma_i^2 = \mathrm{var}(K_i)$，$c_{ij} = \sigma_i \sigma_j \rho_{ij}$，此处 ρ_{ij} 是相关系数。由概率论及线性代数的知识，我们知道 $\mathbf{C}$ 是一个对称非负定矩阵，若 $\mathbf{C}$ 为正定的，则它的逆矩阵 $\mathbf{C}^{-1}$ 存在。

命题 5.7   假定投资组合 V 的权系数为 $\mathbf{w} = (w_1, w_2, \cdots, w_n)$，则
$$\mu_V = E(K_V) = \mathbf{m}\mathbf{w}^T, \quad \sigma_V^2 = \mathrm{var}(K_V) = \mathbf{w}\mathbf{C}\mathbf{w}^T$$

证明：由于 $K_V = w_1 K_1 + \cdots + w_n K_n$，根据数学期望、方差与向量运算的相关性质，可以得到投资组合的期望与方差分别为

$$\mu_V = E(K_V) = E\left(\sum_{i=1}^n w_i K_i\right) = \sum_{i=1}^n E(w_i K_i) = \sum_{i=1}^n w_i \mu_i = \mathbf{m}\mathbf{w}^T$$

$$\sigma_V^2 = \mathrm{var}(K_V) = \mathrm{var}\left(\sum_{i=1}^n w_i K_i\right) = \mathrm{cov}\left(\sum_{i=1}^n w_i K_i, \sum_{i=1}^n w_i K_i\right)$$

$$= \sum_{i,j=1}^n w_i w_j \mathrm{cov}(K_i, K_j) = \sum_{i,j=1}^n w_i w_j c_{ij} = \mathbf{w}\mathbf{C}\mathbf{w}^T$$

在现实操作中，下面两个问题显然是合理的

1. 在所有可能的投资组合中找到方差最小的投资组合。
2. 在所有预期收益率为 μ 的可能投资组合中找到方差最小的投资组合。

知识回顾

回顾拉格朗日乘数法（the method of Lagrange multipliers）

若 $f(x_1, \cdots, x_n)$ 是一个函数，$g(x_1, \cdots, x_n) = 0$ 为约束方程式，$\mathbf{p}$ 是函数 f 在约束条件下的局部极值点（local extremum point of f），则存在 λ，使得

$$\nabla f(\mathbf{p}) = \lambda \nabla g(\mathbf{p})$$

或者 $\nabla f(\mathbf{p})$ 和 $\nabla g(\mathbf{p})$ 至少有一个不存在。

命题 5.8 最小方差投资组合（Minimum Variance Portfolio）在可能的投资组合中，方差最小投资组合的权系数为

$$\mathbf{w} = \frac{\mathbf{u}\mathbf{C}^{-1}}{\mathbf{u}\mathbf{C}^{-1}\mathbf{u}^{T}}$$

证明： 我们需要找到 $\sigma^2 = \mathbf{w}\mathbf{C}\mathbf{w}^{T}$ 在 $\mathbf{u}\mathbf{w}^{T} = 1$ 的条件下的最小值。下面我们将利用拉格朗日乘数进行分析，设函数

$$F(\mathbf{w}, \lambda) = \mathbf{w}\mathbf{C}\mathbf{w}^{T} - \lambda \mathbf{u}\mathbf{w}^{T}$$

由于

$$\nabla F = \left(\frac{\partial F}{\partial w_1}, \cdots, \frac{\partial F}{\partial w_n}\right) = 2\mathbf{w}\mathbf{C} - \lambda\mathbf{u}$$

我们知道，$\nabla F = \mathbf{0}$ 或等价地，由 $\frac{\partial F}{\partial w_i} = \mathbf{0}$，$i = 1, 2, \cdots n$，均可得到

$$\mathbf{w} = \frac{\lambda}{2}\mathbf{u}\mathbf{C}^{-1}$$

这便是唯一的临界点。因为 $\mathbf{w}\mathbf{u}^{T} = \mathbf{u}\mathbf{w}^{T} = 1$，则有

$$1 = \frac{\lambda}{2}\mathbf{u}\mathbf{C}^{-1}\mathbf{u}^{T}$$

等价地

$$\frac{\lambda}{2} = \frac{1}{\mathbf{u}\mathbf{C}^{-1}\mathbf{u}^{T}}$$

因此

$$\mathbf{w} = \frac{\mathbf{u}\mathbf{C}^{-1}}{\mathbf{u}\mathbf{C}^{-1}\mathbf{u}^{T}}$$

易见，具有上述加权系数的投资组合具有最小方差。

命题 5.9 最小方差线（Minimum Variance Line）在所有可能的投资组合中，预期收益率为 μ 的方差最小投资组合的权系数为

$$\mathbf{w} = \frac{\begin{vmatrix} 1 & \mathbf{u}\mathbf{C}^{-1}\mathbf{m}^{T} \\ \mu & \mathbf{m}\mathbf{C}^{-1}\mathbf{m}^{T} \end{vmatrix}\mathbf{u}\mathbf{C}^{-1} + \begin{vmatrix} \mathbf{u}\mathbf{C}^{-1}\mathbf{u}^{T} & 1 \\ \mathbf{m}\mathbf{C}^{-1}\mathbf{u}^{T} & \mu \end{vmatrix}\mathbf{m}\mathbf{C}^{-1}}{\begin{vmatrix} \mathbf{u}\mathbf{C}^{-1}\mathbf{u}^{T} & \mathbf{u}\mathbf{C}^{-1}\mathbf{m}^{T} \\ \mathbf{m}\mathbf{C}^{-1}\mathbf{u}^{T} & \mathbf{m}\mathbf{C}^{-1}\mathbf{m}^{T} \end{vmatrix}}$$

证明： 我们需要找到满足条件 $\mathbf{u}\mathbf{w}^{T} = 1$ 和 $\mathbf{m}\mathbf{w}^{T} = \mu$ 使得 $\sigma^2 = \mathbf{w}\mathbf{C}\mathbf{w}^{T}$ 的最小值的 $\mathbf{w}$。与命题 5.8 的证明过程相类似，我们依然使用拉格郎日乘数

法，令

$$G(\mathbf{w}, \lambda, \eta) = \mathbf{w}\mathbf{C}\mathbf{w}^T - \lambda \mathbf{m}\mathbf{w}^T$$

这里，λ 和 η 为拉格朗日乘数。接下来，我们对函数 G 求关于 w_i 的偏导数，并令其偏导数等于 0（即 $\nabla G = \mathbf{0}$），可得

$$\mathbf{w} = \frac{\lambda}{2}\mathbf{u}\mathbf{C}^{-1} + \frac{\eta}{2}\mathbf{m}\mathbf{C}^{-1}$$

这是唯一的临界点。结合上面两个约束条件，我们有

$$1 = \frac{\lambda}{2}\mathbf{u}\mathbf{C}^{-1}\mathbf{u}^T + \frac{\eta}{2}\mathbf{u}\mathbf{C}^{-1}\mathbf{m}^T$$

$$\mu = \frac{\lambda}{2}\mathbf{m}\mathbf{C}^{-1}\mathbf{u}^T + \frac{\eta}{2}\mathbf{m}\mathbf{C}^{-1}\mathbf{m}^T$$

用矩阵表示上述方程组，则有

$$\begin{bmatrix} \mathbf{u}\mathbf{C}^{-1}\mathbf{u}^T & \mathbf{u}\mathbf{C}^{-1}\mathbf{m}^T \\ m\mathbf{C}^{-1}\mathbf{u}^T & \mathbf{m}\mathbf{C}^{-1}\mathbf{m}^T \end{bmatrix} \begin{bmatrix} \dfrac{\lambda}{2} \\ \dfrac{\eta}{2} \end{bmatrix} = \begin{bmatrix} \mathbf{u} \\ \mathbf{m} \end{bmatrix} \mathbf{C}^{-1} \begin{bmatrix} \mathbf{u}^T & \mathbf{m}^T \end{bmatrix} \begin{bmatrix} \dfrac{\lambda}{2} \\ \dfrac{\eta}{2} \end{bmatrix} = \begin{bmatrix} 1 \\ \mu \end{bmatrix}$$

利用 Cramer 法则，可求出 $\lambda/2$ 和 $\eta/2$ 的值，即

$$\frac{\lambda}{2} = \frac{\begin{vmatrix} 1 & \mathbf{u}\mathbf{C}^{-1}\mathbf{m}^T \\ \mu & \mathbf{m}\mathbf{C}^{-1}\mathbf{m}^T \end{vmatrix}}{\begin{vmatrix} \mathbf{u}\mathbf{C}^{-1}\mathbf{u}^T & \mathbf{u}\mathbf{C}^{-1}\mathbf{m}^T \\ \mathbf{m}\mathbf{C}^{-1}\mathbf{u}^T & \mathbf{m}\mathbf{C}^{-1}\mathbf{m}^T \end{vmatrix}}$$

$$\frac{\eta}{2} = \frac{\begin{vmatrix} 1 & \mathbf{u}\mathbf{C}^{-1}\mathbf{u}^T \\ \mu & \mathbf{m}\mathbf{C}^{-1}\mathbf{u}^T \end{vmatrix}}{\begin{vmatrix} \mathbf{u}\mathbf{C}^{-1}\mathbf{u}^T & \mathbf{u}\mathbf{C}^{-1}\mathbf{m}^T \\ \mathbf{m}\mathbf{C}^{-1}\mathbf{u}^T & \mathbf{m}\mathbf{C}^{-1}\mathbf{m}^T \end{vmatrix}}$$

从而原命题得证。

命题 5.9 告诉我们，在固定收益率条件下，如何构造投资组合的权系数使得风险最小。然而，从另一个角度来看此命题的结论，投资组合的权系数 w 是预期收益率 μ 的线性函数。

例 5.8 投资组合由具有如下性质的三支股票组成

$$\mu_1 = 10\% \qquad \mu_2 = 7\% \qquad \mu_3 = 9\%$$
$$\sigma_1 = 0.25 \quad \sigma_2 = 0.28 \quad \sigma_3 = 0.20$$
$$\rho_{12} = 0.3 \qquad \rho_{23} = 0.0 \qquad \rho_{31} = 0.10$$

a）求最小方差投资组合（投资组合的权系数），并计算该投资组合的预期收益和风险（标准差）。

b）求预期收益率为 $\mu_V = 9\%$ 的最小方差投资组合的权系数和风险。

解：利用命题 5.7 和 5.8，解从略。

命题 5.10 假设 $\mathbf{w}'$ 和 $\mathbf{w}''$ 是最小方差线上的两种不同的投资组合，则最小方差线可表示为 $s\mathbf{w}' + (1 - s)\mathbf{w}''(s \in \mathbb{R})$。

命题 5.11 存在实数 $\gamma > 0$ 和 μ 使得有效边界投资组合（除了最小方差投资组合）的权系数 W 满足条件

$$\gamma \mathbf{w} \mathbf{C} = \mathbf{m} - \mu \mathbf{u}$$

证明：令 $\mathbf{w}_V$ 为有效边界投资组合 V，却不是最小方差投资组合的权系数，则 μ_V 和 σ_V 满足条件

$$\mu_V = \mathbf{m} \mathbf{w}_V^T \text{ 和 } \sigma_V = \sqrt{\mathbf{w}_V \mathbf{C} \mathbf{w}_V^T}$$

令 L 表示 $\sigma\mu$-平面上通过点 (σ_V, μ_V) 且与有效边界相切的直线。假定该直线与 μ-轴的交点为 μ_0，那么 L 的斜率一定为满足条件 $g(\mathbf{w}) = \mathbf{w} \mathbf{u}^T - 1$ 的函数

$$f(\mathbf{w}) = \frac{\mu - \mu_0}{\sigma} = \frac{\mathbf{m} \mathbf{w}^T - \mu_0}{\sqrt{\mathbf{w} \mathbf{C} \mathbf{w}^T}}$$

的最大值。由于

$$\nabla f(\mathbf{w}) = \frac{\sqrt{\mathbf{w} \mathbf{C} \mathbf{w}^T} \mathbf{m} - (\mathbf{m} \mathbf{w}^T - \mu_0) \dfrac{\mathbf{w} \mathbf{C}}{\sqrt{\mathbf{w} \mathbf{C} \mathbf{w}^T}}}{\sqrt{\mathbf{w} \mathbf{C} \mathbf{w}^T}}$$

$$= \frac{\sigma^2 \mathbf{m} - (\mathbf{m} \mathbf{w}^T - \mu_0) \mathbf{w} \mathbf{C}}{\sigma^3}, \ \nabla g(\mathbf{w}) = \mathbf{u}$$

利用拉格朗日乘数法，我们知道存在一个实数 λ 满足条件

$$\nabla f(\mathbf{w}_V) = \lambda \nabla g(\mathbf{w}_V)$$

即

$$\sigma_V^2 \mathbf{m} - (\mu_V - \mu_0) \mathbf{w}_V \mathbf{C} = \lambda \sigma_V^3 \mathbf{u}$$

两边同除以 σ_V^2，等价地可得

$$\mathbf{m} - \lambda\sigma_V\mathbf{u} = \frac{\mu_V - \mu_0}{\sigma_V^2}\mathbf{w}_V\mathbf{C}$$

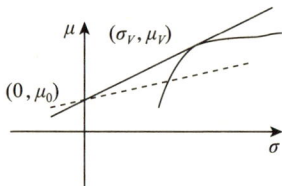

图 5 − 6

对上式右乘 $\mathbf{w}_V^T$ 可得：$\lambda\sigma_V = \mu_0$。与此同时，令 $\gamma = \dfrac{\mu_V - \mu_0}{\sigma_V^2}$，那么上式可写为

$$\gamma\mathbf{w}_V\mathbf{C} = \mathbf{m} - \mu_0\mathbf{u}$$

因此，命题得证。

如果我们知道一个有效边界投资组合 V（方差不是最小），即 $\mathbf{w}_V$ 已知，那么如何计算 γ 和 μ 呢？

分别用 $\mathbf{C}^{-1}\mathbf{u}^T$ 和 $\mathbf{C}^{-1}\mathbf{m}^T$ 去右乘等式 $\gamma\mathbf{w}_V\mathbf{C} = \mathbf{m} - \mu\mathbf{u}$，可得

$$\gamma = \mathbf{m}\mathbf{C}^{-1}\mathbf{u}^T - \mu\mathbf{u}\mathbf{C}^{-1}\mathbf{u}^T \text{ 和 } \gamma\mu_V = \mathbf{m}\mathbf{C}^{-1}\mathbf{m}^T - \mu\mathbf{u}\mathbf{C}^{-1}\mathbf{m}^T$$

等价地

$$\mu\mathbf{u}\mathbf{C}^{-1}\mathbf{u}^T + \gamma = \mathbf{u}\mathbf{C}^{-1}\mathbf{m}^T$$
$$\mu\mathbf{m}\mathbf{C}^{-1}\mathbf{u}^T + \mu_V\gamma = \mathbf{m}\mathbf{C}^{-1}\mathbf{m}^T$$

利用 Cramer 法则，可得

$$\mu = \frac{\begin{vmatrix} \mathbf{u}\mathbf{C}^{-1}\mathbf{m}^T & 1 \\ \mathbf{m}\mathbf{C}^{-1}\mathbf{m}^T & \mu_V \end{vmatrix}}{\begin{vmatrix} \mathbf{u}\mathbf{C}^{-1}\mathbf{u}^T & 1 \\ \mathbf{m}\mathbf{C}^{-1}\mathbf{u}^T & \mu_V \end{vmatrix}} \text{ 和 } \gamma = \frac{\begin{vmatrix} \mathbf{u}\mathbf{C}^{-1}\mathbf{u}^T & \mathbf{u}\mathbf{C}^{-1}\mathbf{m}^T \\ \mathbf{m}\mathbf{C}^{-1}\mathbf{u}^T & \mathbf{m}\mathbf{C}^{-1}\mathbf{m}^T \end{vmatrix}}{\begin{vmatrix} \mathbf{u}\mathbf{C}^{-1}\mathbf{u}^T & 1 \\ \mathbf{m}\mathbf{C}^{-1}\mathbf{u}^T & \mu_V \end{vmatrix}}$$

接下来一个问题，如果我们已知 μ，如何计算 $\mathbf{w}_V$？如前所述，我们知道 $\gamma\mathbf{w}_V\mathbf{C} = \mathbf{m} - \mu\mathbf{u}$ 时，可推导出 $\gamma = (m - \mu\mathbf{u})\mathbf{C}^{-1}\mathbf{u}^T$，因此

$$\mathbf{w}_V = \frac{(\mathbf{m} - \mu\mathbf{u})\mathbf{C}^{-1}}{\gamma} = \frac{(\mathbf{m} - \mu\mathbf{u})\mathbf{C}^{-1}}{(\mathbf{m} - \mu\mathbf{u})\mathbf{C}^{-1}\mathbf{u}^T}$$

思考题

5.3.1　投资组合由下述三种股票组成

$$\mu_1 = 10\% \quad \mu_2 = 15\% \quad \mu_3 = 9\%$$

$$\sigma_1 = 0.25 \quad \sigma_2 = 0.28 \quad \sigma_3 = 0.20$$

$$\rho_{12} = 0.3 \quad \rho_{23} = 0.0 \quad \rho_{31} = 0.10$$

（a）求最小方差投资组合（投资组合的加权系数），并计算该投资组合的预期收益和风险（标准差）。

（b）求预期收益 $\mu_V = 13\%$ 的最小方差投资组合的加权系数和风险。

5.3.2　利用思考题 5.3.1 的数据，若 $\mu = 8\%$，求满足条件 $\gamma \mathbf{wC} = \mathbf{m} - \mu \mathbf{u}$ 的有效边界投资组合的加权系数 $\mathbf{w}$。

5.4　资本资产定价模型（Capital Asset Pricing Model）

资本资产定价模型（Capital Asset Pricing Model 简称 CAPM）是由美国学者夏普（William Sharpe）、林特尔（John Lintner）、特里诺（Jack Treynor）和莫辛（Jan Mossin）等人在资产组合理论的基础上发展起来的，是现代金融市场价格理论的支柱，广泛应用于投资决策和公司理财领域。

5.4.1　资本市场线（Capital Market Line）

考虑有 n 种风险证券 $\{S_i \mid i = 1, 2, \cdots, n\}$ 和收益率为 r_F 的无风险债券组成的投资组合。在 $\sigma\mu$ - 平面上，过点 $(0, r_F)$ 且与由 $\{S_i \mid i = 1, 2, \cdots, n\}$ 产生的有效边界相切的（半）直线称为**资本市场线**（Capital Market Line）。每位理性的投资者都会选择（半）直线上的点作为自己的投资组合。如果切点记为 (σ_M, μ_M)，则切线为

$$\mu = r_F + \frac{\mu_M - r_F}{\sigma_M}\sigma, \text{其中 } \sigma \geqslant 0$$

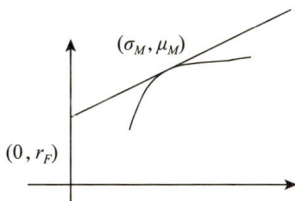

图 5-7

无风险债券及 n 种风险资产衍生的资本市场线上的点 (σ_M, μ_M) 具有特殊的意义，该点所代表的投资组合可用 V_M 表示。这就意味着，每一位理性投资者在资本市场线上的投资组合 V_M，称 V_M 为市场投资组合（market portfolio）。

对资本市场线上的投资组合 V，记 (σ, μ) 为其在资本市场线上的点，我们有直线方程

$$\mu = r_F + \frac{\mu_M - r_F}{\sigma_M}\sigma, \quad \sigma \geqslant 0$$

式子 $\dfrac{\mu_M - r_F}{\sigma_M}\sigma$ 称为风险升水（risk premium），即由于存在风险而获得的超过无风险水平的额外收益率。

5.4.2 β 因子（Beta factor）

了解给定投资组合的收益率 K_V 如何受整个市场趋势的影响是非常重要的。我们可以画出每种市场情景的收益率 K_V 与市场组合收益率 K_M 的关系图，并且可以计算最好的拟合线，这条线称为回归直线（regression line）。

考虑误差 $\varepsilon = K_V - (\alpha + \beta K_M)$

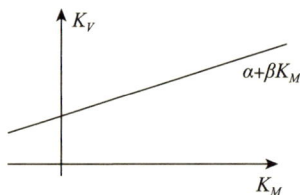

图 5-8

显然，最优的拟合线需满足条件

$$E(\varepsilon_V^2) = E\big[(K_V - (\alpha_V + \beta_V K_M))^2\big]$$

$$= \min_{\alpha,\beta} E\big[(K_V - (\alpha + \beta K_M))^2\big] = \min_{\alpha,\beta} E(\varepsilon^2)$$

使 $E(\varepsilon^2)$ 取最小值的必要条件是

$$\frac{\partial}{\partial \alpha}E(\varepsilon^2) = \frac{\partial}{\partial \beta}E(\varepsilon^2) = 0$$

由于

$$E(\varepsilon^2) = E(K_V^2) - 2\alpha E(K_V) - 2\beta E(K_V K_M)$$
$$+ \alpha^2 + 2\alpha\beta E(K_M) + \beta^2 E(K_M^2)$$

则有

$$\begin{cases} \alpha - E(K_V) + 2\beta E(K_M) = 0 \\ \alpha E(K_M) - E(K_V K_M) + \beta E(K_M^2) = 0 \end{cases}$$

解方程组可得

$$\begin{cases} \alpha_V = \mu_V - \beta_V \mu_M \\ \beta_V = \dfrac{1}{\sigma_M^2} \mathrm{cov}(K_V, K_M) \end{cases}$$

这里，$\beta_V = \dfrac{\mathrm{cov}(K_V, K_M)}{\sigma_M^2}$ 成为给定投资组合 V 的 β 因子。β 因子用于刻画资产的系统性风险，是度量一项资产系统风险的指针，表示了资产的回报率对市场变动的敏感程度（sensitivity），或者说，其是衡量一种证券或一个投资组合相对总体市场的波动性（volatility）的一种风险评估工具。如果一支股票的价格和市场的价格波动性是一致的，那么这支股票的 β 因子为 $\beta = 1$；如果一支股票的 β 因子为 $\beta = 1.5$，这就意味着当市场上升 10% 时，该股票价格则上升 15%；而市场下降 10% 时，股票的价格亦会下降 15%。

命题 5.12　设投资组合 $V_1, \cdots, V_n$ 的 β 因子分别为 $\beta_1, \cdots, \beta_n, V_1, \cdots, V_n$ 以权系数 $w_1, \cdots, w_n$ 构成的投资组合 V，则投资组合 V 的 β 因子为

$$\beta_V = w_1 \beta_1 + \cdots w_n \beta_n$$

证明： 由于

$$\mathrm{cov}(K_V, K_M) = w_1 \mathrm{cov}(K_{V_1} + K_M) + \cdots + w_n \mathrm{cov}(K_{V_n}, K_M)$$

从而，我们便可得到命题结论。

5.4.3　债券市场线（Security Market Line）

用 $\mathbf{w}_M$ 表示市场投资组合的权系数。考虑任意的投资组合 V 的权系数 $\mathbf{w}_V$。由于市场投资组合在有效边界上，从而，我们知道存在实数 $\gamma > 0$ 和 μ，使得

$$\gamma \mathbf{w}_M \mathbf{C} = \mathbf{m} - \mu \mathbf{u}$$

因此，权系数为 $\mathbf{w}_V$ 的投资组合的 β 因子为

$$\beta_V = \frac{1}{\sigma_M^2}\mathrm{cov}(K_V, K_M) = \frac{\mathbf{w}_M \mathbf{C} \mathbf{w}_V^T}{\mathbf{w}_M \mathbf{C} \mathbf{w}_M^T} = \frac{\gamma(\mathbf{m} - \mu\mathbf{u})\mathbf{w}_V^T}{\gamma(\mathbf{m} - \mu\mathbf{u})\mathbf{w}_M^T} = \frac{\mu_V - \mu}{\mu_M - \mu}$$

如果 V 是由无风险债券组成，即 $\mu_V = r_F$ 和 $\beta_V = 0$，则有

$$0 = \frac{\mu_V - \mu}{\mu_M - \mu} \Rightarrow \mu = r_F$$

事实上，我们已经证明了下面的结论。

命题 5.13 投资组合 V 的预期收益率 μ_V 是投资组合 β 系数 β_V 的线性函数，即

$$\mu_V = r_F + (\mu_M - r_F)\beta_V$$

该直线在 $\beta\mu$ - 平面上，称为**债券市场线**。

我们用通俗的语言来解释一下命题 5.13 的结论，假定投资者通过基金投资于整个股票市场，于是他的投资完全分散化（diversification），此人将不承担任何可分散风险。但是，由于经济与股票市场变化的一致性，投资者将承担不可分散风险，于是投资者的预期回报高于无风险利率。

回顾资本市场线

$$\mu = r_F + \frac{\mu_M - r_F}{\sigma_M}\sigma, \quad \sigma \geq 0$$

如果 V 是资本市场线上的投资组合，即 $V = \{(1 - S, A), (S, M)\}$，则

$$\beta_V = (1 - s)\beta_A + s\beta_M = (1 - s)0 + s\beta_M = s$$

那么可得

$$\mu_V = r_F + (\mu_M - r_F)s$$

如果我们要计算 σ_V，则有

$$\sigma_V^2 = \mathrm{var}((1 - s)r_F + sK_M) = s^2 \sigma_M^2$$

换句话说，

$$s = \frac{\sigma_M}{\sigma_V}$$

例 5.9 回归直线族 $y = \beta_V x + \alpha_V$ 都通过点 (r_F, r_F)。事实上，由于 $\alpha_V = \mu_V - \beta_V \mu_M$ 和 $\mu_V = r_F + (\mu_M - r_F)\beta_V$，有

$$\alpha_V = r_F + (\mu_M - r_F)\beta_V - \beta_V\mu_M = r_F - r_F\beta_V$$

因此

$$y = \beta_V x + \alpha_V = \beta_V x + r_F - r_F \beta_V = \beta_V(x - r_F) + r_F$$

思考题

5.4.1　投资组合由下述三种股票组成

$$\mu_1 = 10\% \quad \mu_2 = 15\% \quad \mu_3 = 9\%$$

$$\sigma_1 = 0.25 \quad \sigma_2 = 0.28 \quad \sigma_3 = 0.20$$

$$\rho_{12} = 0.3 \quad \rho_{23} = 0.0 \quad \rho_{31} = 0.10$$

若 $r_F = 5\%$，求市场组合的加权系数和风险上水。

第6章　远期合约和期货合约的价值

　　远期合约，作为一种有效地防范风险的金融衍生工具，它灵活性较大，任何细节都可以进行商议，且尽量满足交易双方的需要。远期合约的定价是远期合约中的关键问题之一，它包括：如何确定远期价格？如何确定未结清远期合约的当前价值？

　　期货合约，是一种为了解决某些商品的内在经济风险而制定的合约。对于期货合约而言，一方面，可以吸引套期保值者利用期货市场进行合约买卖，锁定成本，规避因现货市场的商品价格波动风险而可能造成的损失；另一方面，可以吸引投机者进行风险投资交易，增加市场流动性。显然，期货合约的价值在经济活动中尤为重要。本章，我们将重点讨论远期合约与期货合约的价值。

6.1　远期合约的定价（Forward Contract）

　　远期合约是合约双方约定在未来某一固定时间，合约中称为**交割日**（delivery time），按照之前约定的价格，合约中称其为**远期价格**（forward price），买卖一定数量的资产。在合约中，同意购买资产的一方称为处于远期多头状态，同意卖出资产的一方称为处于远期空头状态。有时候，我们也说，制定并出售该合约的个人或公司为卖方（writer），购买该合约的个人或公司为买方（holder）。

　　远期合约签订的时刻记为 0 时刻，交割日用 T 表示，用 $F(0,T)$ 表示远期价格。在 t 时刻，假定标的物的市场价格为 $S(t)$，且无票息支付。

　　命题 6.1　若远期合约以股票为交易标的物，且股票无票息支付，则有

$$F(0,T) = S(0)e^{rT} \qquad (6.1)$$

这里 r 为基于连续复利的无风险利率。

如果合约在 $t \leqslant T$ 时刻签订，则有

$$F(t,T) = S(t)e^{r(T-t)} \tag{6.2}$$

证明： 假设 $F(0,T) > S(0)e^{rT}$，则标的股票较合约的远期价格更为便宜。我们可以构造如下的投资策略

在 $t=0$ 时刻

- 借入资金 $S(0)$；

- 以 $S(0)$ 的价格购买一份股票；

- 处于远期空头状态，即同意在时刻 T 以价格 $F(0,T)$ 卖出一份股票。

在 $t=T$ 时刻

- 以价格 $F(0,T)$ 卖出股票；

- 支付资金 $S(0)e^{rT}$ 用于偿还借款及其利息。

在 $t=T$ 时刻，无风险投资的净收益为

$$F(0,T) - S(0)e^{rT} > 0$$

这与无套利原理矛盾。

另一方面，假定 $F(0,T) < S(0)e^{rT}$，则远期合约的远期价格较便宜，从而，可以构造如下投资决策

在 $t=0$ 时刻

- 以价格 $S(0)$ 卖空股票；

- 将收益以无风险利率的形式投资；

- 处于远期合约多头状态，即同意在时刻 T 以价格 $F(0,T)$ 买入股票。

在 $t=T$ 时刻

- 获得投资收益 $S(0)e^{rT}$；

- 根据远期合约以价格 $F(0,T)$ 购买股票；

- 偿还卖空的股票，交易处于平仓状态。

在 $t=T$ 时刻，无风险投资的净收益为

$$S(0)e^{rT} - F(0,T) > 0$$

这与无套利原理矛盾。

综上所述，$F(0,T) = S(0)e^{rt}$。（6.2）式的结论读者可仿照上面的证明过程，这里不再赘述。

例 6.1 假设 $S(0)=17$ 元，$F(0,1)=18$ 元，无风险利率 $r=8\%$，卖空的抵押金为现值的 30%，并且其利率为 $d=4\%$，请分析此时是否存在套利机会。在无套利条件下，试求最高利率 d。

解： 因为 $F(0,1)=18<18.416=S(0)e^r$，显然，此时存在套利机会。接下来，构造如下套利策略：

在 $t=0$ 时刻

● 以价格 $S(0)$ 卖空股票；

● 将 17 元的 70% 以无风险利率 $r=8\%$ 进行投资；

● 处于远期合约多头状态，即同意在交割日以 18 元买入股票，而 17 元的 30% 作为押金，其利率为 $d=4\%$。

在 $t=T$ 时刻

● 获得投资及抵押金收益 $(1-30\%)S(0)e^r+30\%S(0)e^d\approx 12.89+5.31=18.20$；

● 根据远期合约以价格 $F(0,1)=18$ 买入股票；

● 偿还卖空的股票，处于交易平仓状态。

那么，在时刻 $t=0$，我们知道无风险投资的净收益为
$$(1-30\%)S(0)e^r+30\%S(0)e^d-F(0,1)\approx 0.2>0$$

若无套利机会，则抵押金利率 d 应满足
$$(1-30\%)S(0)e^r+30\%S(0)e^d-F(0,1)\leq 0$$

等价地

$$d\leq \ln\left(\frac{F(0,1)}{0.3S(0)}-\frac{(1-0.3)}{0.3}e^r\right)\approx 0.001740$$

因此，在无套利条件下，抵押金最高利率为 0.174%。

命题 6.2 若在初始时刻标的股票在 t（$0<t<T$）时刻支付的票息为 d，则相应地远期合约价满足下式
$$F(0,T)=(S(0)-d\cdot e^{-rt})e^{rT} \tag{6.3}$$

这里 r 是基于连续复利下的无风险利率。

请注意下面这个问题：初始时刻，已知 $t_1,\cdots,t_n$，在时刻 $t_1<t_2<\cdots<t_n$ 支付的票息分别为 $d_1,\cdots,d_n$，那么远期合约的价格又该是多少呢？

例 6.2　考虑一份远期合约，其标物为某支股票，在 2015 年 1 月 1 日，该股票价格为 100 元，在 2015 年 7 月 1 日和 10 月 1 日分别支付票息 1.50 元和 2.00 元。若利率为 5%，试讨论交割日为 2015 年 11 月 1 日的该股票在 2015 年 1 月 1 日时的远期价格（提示：读者可利用命题 6.1 的相关结论自行解答，本书从略）。

假定一支股票以利率 $r_d > 0$ 连续支付股息，此利率称为**股息生息率**（dividend yield）。如果股息再次投资用于购买股票，显然在 $t = 0$ 时刻的一股股票投资可在 T 时刻获得多股的收益。假定 t 时刻股票的份数为 $x(t)$，则

$$\begin{cases} dx = r_d x dt \\ x(0) = 1 \end{cases}$$

这意味着在 $t = 0$ 时刻的一股投资可能会变成 $t = T$ 时刻的 $e^{r_d t}$ 股。

命题 6.3　若无风险连续复利为 r，则股息生息率为 r_{div} 的股票的远期价格是

$$F(0, T) = S(0) e^{(r - r_{div})T} \tag{6.4}$$

例 6.3　假定 $t = 0$ 时刻 1 欧元的价格为 $U(0)$ 美元，若投资欧元和美元的无风险利率分别为 r_{euro} 和 r_{usd}。试求在 $t = T$ 时刻，交易 1 欧元的远期价格 $F(0, T)$，这里请用美元表示。

解：根据命题 6.3，易得

$$F(0, T) = U(0) e^{(r_{usd} - r_{euro})T}$$

6.2　远期合约的价值（Value of a Forward Contract）

现实中，人们还会遇到这样的问题，由远期价格为 $F(0, T)$ 的远期合约构成的投资组合 V，其在 $t \in [0, T]$ 时刻的价值是多少？而现代金融市场允许合约买方在任何交易日在市场上出售合约或者购买新合约，换句话说，这些工具可以交易。我们可以想象如果当天价格远高于远期价格，并且到期日为期不远，则合约具有较高价值。反之，如果今天的股价非常

低，那么合约几乎没有价值。下面，我们一起讨论远期合约的价值。

我们知道在 $t=0$ 时刻，有 $V(0)$；而在 $t=T$，有

$$V(T) = S(T) - F(0,T)$$

这里 $V(T)$ 可能为正数、零或负数。那么对任意的 $t \in (0,T)$，$V(t)$ 是多少？

假定以 t 为开始时刻的远期价格为 $F(t,T)$，我们用下面的数轴来表示

根据无套利原理可得

$$V(t)e^{r(T-t)} = [S(T) - F(0,T)] - [S(T) - F(t,T)]$$
$$= F(t,T) - F(0,T)$$

从而，得到如下命题。

命题6.4 对任意 $t \in [0,T]$，远期价格为 $F(0,T)$ 的远期合约在时刻 t 的价格为

$$V(t) = [F(t,T) - F(0,T)]e^{-r(T-t)} \tag{6.5}$$

如果我们知道更多有关标的物的信息，那么命题6.4中的公式可以更加具体化。以股票作标的物为例，下面罗列一些特殊情形下的远期合约价格。

1. 如果股票无股息收益，则有

$$V(t) = [F(t,T) - F(0,T)]e^{-r(T-t)}$$
$$= [S(t)e^{r(T-t)} - S(0)e^{rT}]e^{-r(T-t)} = S(t) - S(0)e^{rt}$$

2. 如果在时刻 $t_0 \in (0,T)$ 支付股息 d，则有

$$V(t) = \begin{cases} S(t) - S(0)e^{rt}, & t \in (0,t_0] \\ S(t) - S(0)e^{rt} + d \cdot e^{r(t-t_0)}, & t \in (t_0,T) \end{cases}$$

3. 如果股息以连续复利利率 $r_d > 0$ 支付，则有

$$V(t) = S(t)e^{-r_d(T-t)} - S(0)e^{rt-r_dT}$$

注释：在现实生活中，远期合约的交割价格可以不是 $F(0,T)$。假设 X 为交割价格，则在 $t \in [0,T]$ 时刻该合约的价值为

$$V(t) = [F(t,T) - X]e^{-r(T-t)}$$

显然，该合约的初始价值为 $V(0) = [F(0,T) - X]e^{-rt}$。

例 6.4　假设年初某支股票的价格为 50 元，无风险利率为 5%，半年后支付股息 2 元。现在有一份处于多头状态且交割时间为 1 年的远期合约，如果 9 个月后股票的价格为 55 元或者 48 元，请分别求出此时该远期合约的价格。（提示：读者可利用命题 6.4 后面列举的特殊情况中的第 2 种进行求解，解答过程本书从略。）

思考题

6.2.1　假定 $S(0) = 19$ 元，$F(0,1) = 20$ 元，$r = 8\%$，卖空需要初值的 40% 作为保证金，其利率为 $d = 4\%$。请讨论此时是否存在套利机会。试求无套利情形下抵押金的最高利率 d。

6.2.2　求解例题 6.2。

6.2.3　一个美国公司欲通过远期合约在半年后购买欧元，已知投资美元和欧元的利率分别为 3% 和 4%。若当前时刻美元兑欧元的汇率为 1:0.79，那么以此汇率作为标的物的远期合约价格应是多少。

6.2.4　证明命题 6.4 后第三种特殊情形下相关结论。

6.2.5　求解例题 6.4。

6.3　期货合约的定价与价值（Future Contracts）

远期合约常常是因当事双方的特殊要求而定制的，很难及时改变合约的结构和形式。同时远期合约中需面临这样一个问题，在合约的执行中始终存在由于一方违约而遭受损失的风险。为了规避这种风险或最大限度地降低风险，人们可以选择期货合约。

期货合约是购买者和出售者双方的标准化合约，约定在未来某一具体时间完成一笔交易。它是由交易所提供的，主要包括标的资产，交割日 T，交易价格 $f(0,T)$ 和一个随机现金流，称为标的市场。标的资产可以是一般商品、金融资产（如股票和债券）、指数或汇率等。处于远期多头状态的买方将可得到的资金总额为

$$f(n\tau, T) - f(n\tau - \tau, T) \tag{6.6}$$

其中 $n = 1, 2, \cdots, N$，$\tau > 0$ 为每个时间步长。这里，$N\tau = T, f(n\tau, T)$，简称 $f(n, x)$，称为**期货价格**。除了在 $t = 0$（或 $n = 0$）时刻的价格 $f(0, T)$（或

$f(0,N)$）已知，其他期货价格均由市场决定。在发达国家，金融期货产品已经发展的比较成熟，可以说对大多数需要保护的金融资产都有对应的期货市场。接下来，我们需要对以下两个条件进一步强调

1. 在交割日，期货价格为 $f(T,T) = S(T)$；

2. 在每一个时间步长上，按期货的市场价变化执行期货买卖双方的盈利结算（making to maket）。

交易所需求，期货合约的每一方缴纳一份订金，称为初始保证金，作为抵押品由交易所保管。在每一个时间步长 n 上，改变量 $f(n,N) - f(n-1,N)$ 将会存入期货买进一方（即远期多投状态）的保证金账户，而 $f(n-1,N) - f(n,N)$ 将会存入期货卖出一方（即远期空头状态）的保证金账户。任何超过保证金上限要求的部分均可取走。另一方面，如果买方账户余额低于维持保证金所要求的，那么交易所会发出追加保证金通知，要求买方在规定时间内补足资金，以达保证金要求。若买方没有按时履行义务，交易所会立即将其期货头寸账户封闭。一般情况下，期货头寸可以在任何时候关闭账户，此时，资金将返回其保证金账户中。

逐日盯市制度（mark to market）

所谓逐日盯市制度，亦即每日无负债制度、每日结算制度，是指在每个交易日结束之后，交易所结算部门先计算出当日各期货合约结算价格，核算出每位会员每笔交易的盈亏数额，以此调整会员的保证金账户，将盈利记入账户的贷方，将亏损记入账户的借方。若保证金账户中贷方金额低于保证金要求，交易所通知该会员在限期内缴纳追加保证金以达到初始保证金水平，否则不能参加下一交易日的交易。逐日盯市制度一般包含计算浮动盈亏、计算实际盈亏两个方面。

流动性是期货市场的一个重要特征。交易所在期间扮演中间人的角色，并维持期货合约双方的保证金账户，以尽量降低违约风险。期货合约是在期货交易所组织下成交的，具有法律效力，其履行由交易所担保，不允许私下交易。期货合约可通过交收现货或进行对冲交易来履行或解除合约义务。

例 6.5 假设初始保证金是期货价格的 10%，维持保证金是期货价格的 5%，且时间步长为一天。下表记录了每一天的期货收盘价格，第 4 列和第 6 列表示两类保证金，前者为期货买方在一天交易开始时有的保证金，后者是在同一天交易结束后其账户里拥有的保证金。"付款"列表示需向保证金账户支付的金额。

表 6 – 1

n	$f(n, N)$	现金流	保证金 1	支付	保证金
0	140	初始	0	– 14	14
1	137	– 3	11	0	11
2	130	– 7	4	– 9	13
3	140	10	23	9	14
4	160	20	34	18	16

第 0 天：一份期货合约刚生效，需要一份初始保证金为期货价格 10% 支付给保证金账户。

第 1 天：期货价格下跌 3 美元，产生了 –3 美元的现金流，即从保证金账户中扣除 3 美元。

第 2 天：期货价格进一步下跌 7 美元，又产生一个 –7 美元的现金流，由于此时账户内的保证金低于期货价格的 5%——维持保证金，引发了补仓。买方需向保证金账户再支付 9 美元，以维持 10% 的期货价格水平。

第 3 天：期货价格上涨，从而有 9 元可以被取出，留下了 10% 的保证金。

第 4 天：期货价格继续上涨，可以从账户中拿走 18 元。如果在这一天结束时关闭账户，那么账户所有者将得到其中所有余额。此时，所有款项的总数为

$$- 14 + 0 + (-9) + 9 + 18 + 16 = 20$$

即 $f(4, N) - f(0, N)$。

命题 6.5 设 r 为无风险利率，则 $f(0, T) = F(0, T)$。若股票不支付股

息，则

$$f(t,T) = S(t)e^{r(T-t)}$$

假设无风险利率保持不变，并且股票无需支付股息，时间间隔 $\tau > 0$，那么处于远期多头状态的期货头寸的现金流为

$$f(n\tau,T) - f(n\tau - \tau,T) = S(n)e^{r(T-nt)} - S(n-1)e^{r(T-(n-1)t)}$$

例 6.6 设 r 为无风险利率，若某支股票的开盘价为 $S(0)$，且当天收盘时其 3 个月期的期货价值增加了 a 元，求这支股票当天的收盘价 $S(1)$。

解： 令 $\tau = \dfrac{1}{365}$，$T = \dfrac{1}{4}$，有

$$a = f(\tau,T) - f(0,T) = S(1)e^{r(T-\tau)} - S(0)e^{rT}$$

移项整理后可得

$$S(1) = S(0)e^{r\tau} + ae^{-r(T-\tau)} = S(0)e^{r/365} + ae^{-r(1/4-1/365)}$$

例 6.6 表明，如果能够预测到股票价格的增幅高于无风险利率，那么就应该选择成为期货的多头方。

6.3.1 期货对冲

每天银行、跨国公司、投资机构、基金以及投资者都会从事大量金融交易。这些机构或者个人都希望能够防范风险，或者使风险与不确定性降低到能够承受的水平。

对冲就是一种使风险尽可能降低的方法，它是保险的一种形式，人们可以对股票、债券、利率、商品以及期货等实施对冲。

以股票期货为例，对冲的理念是人们利用对冲技术防止由于股票价格的波动而可能引发的损失。我们用下面的例子来说明期货合约如何利用对冲来降低风险。

例 6.7 假设 $S(0) = 100$ 元，无风险利率 $r = 5\%$，盯市制度按月结算，且我们希望 3 个月后出售股票，为了对冲股票价格的变化，买入一个短期股票期货合约，交割日为 3 个月。期货每月结算所产生的资金需求由无风险利率贷款投资来支付。

情形 1：股票价格走势为 100 元，102 元，101 元，105 元，这里 $r = 5\%$。我们有如下数据

表 6 - 2

N	S(0)	f(n,3)	每月结算	利息
0	100	101. 2578452	0	
1	102	102. 8535515	− 1. 595706371	− 0. 013353114
2	101	101. 4217113	1. 431840237	0. 005978447
3	105	105	− 3. 578288712	0
		合计	− 3. 742154846	− 0. 007374666

在这种情况下，以 105.00 元的价格卖出股票可获得的净利润为

$$105 - 3.742154846 - 0.007374666 = 101.2504705(元)$$

如果不包括利息，那么所得的净利润 $f(0,3/12)$ 为

$$105 - 3.742154846 = 101.2578452(元)$$

情形 2：股票价格走势为 100 元，98 元，97 元，92 元，这里 $r = 5\%$。有如下数据

表 6 - 3

N	S (0)	f(n,3)	每月结算	利息
0	100	101. 2578452	0	
1	98	98. 82007892	2. 437766238	0. 020399599
2	97	97. 40500985	1. 415069065	0. 005908422
3	92	92	5. 405009851	0
		合计	9. 257845154	0. 026308021

在这种情况下，以 92 元价格卖出股票可获得净利润为

$$92 + 9.257845154 + 0.026308021 = 101.2841532 \text{ 元}$$

如果不包括需要支付的利息，那么仅从期货合约中获取的净利润为 $f(0, \frac{3}{12})$ 是

$$92 + 9.257845154 = 101.2578452$$

基于上面的例子，如果 2 个月后卖出股票，那么在情形 1 的条件下，

包括标的市场和利息，一共可以得到

$101 + (-1.595706371) + 1.431840237 + (-0.013353114) + 0.005978447$
$= 100.8287592(元)$

在情形 2 的条件下，一共可以得到

$97 + 2.704717379 + 1.666589603 + 0.03630439 + 0.011147715$
$= 101.4187591(元)$

从上面的分析可以看到，我们差不多达到了期货价格

$$f(0, 2/12) = S(0)e^{rT} = 100e^{0.05 \cdot 2/12} = 100.8368152$$

6.3.2 最佳对冲比率

现实中，人们更加关心何时使用对冲来降低风险。为了更方便讨论这个问题，我们首先了解一个新概念。**基点**表示股票在某一时刻的价格与期货价格的差，即 $b(t, T) = S(t) - f(t, T)$。

由于 $f(T, T) = S(T)$，有 $\lim\limits_{t \to T^-} b(t, T) = 0$。

举例来看，如果 $f(t, T) = S(t)e^{r(T-t)}$，那么基点 $b(t, T) = S(t)(1 - e^{r(T-t)}) < 0$。

欲在 $t < T$ 时卖出一份资产 $s(t)$，为此在 $t = 0$ 时刻，我们卖出一份价格为 $f(0, T)$ 的期权合约。在 t 时刻，这一期货的价值为

$$f(0, T) - f(t, T)$$

因此，在 t 时刻卖出股票时，净利润为

$$S(t) + f(0, T) - f(t, T) = f(0, T) + b(t, T)$$

由于 $f(0, T)$ 已知，从而可以看到包含对冲在内的风险与基点相关。

如果对冲保值的目标是最大限度降低风险，那么可以考虑买入 x 股期货。在时刻 t 的现金流为

$$S(t) + x(f(0, T) - f(t, T)) = xf(0, T) + S(t) - xf(t, T)$$
$$= xf(0, T) + b_x(t, T)$$

这里 $b_x(t, T) = S(t) - xf(t, T)$。计算得到基点 $b_x(t, T)$ 的方差为

$$\text{var}(b_x(t, T)) = \sigma_{S(t)}^2 + x^2 \sigma_{f(t,T)}^2 - 2x\sigma_{s(t)}\sigma_{f(t,T)}\rho_{s(t),f(t,T)}$$

欲使此方差达到最小值，则 x 的取值为

$$x = \frac{\sigma_{S(t)}}{\sigma_{f(t,T)}}\rho_{S(t),f(t,T)} \tag{6.7}$$

我们称这个值为**最佳对冲比率**。

例 6.8　假设 r 为无风险利率，且股票 S 不支付股息，试求此时的最佳对冲比率。

解：我们知道 r 为无风险利率时，$f(t,T) = S(t)e^{r(T-t)}$，因此 $\rho_{S(t),f(t,T)} = 1$，同时有 $\sigma_{f(t,T)} = e^{r(T-t)}\sigma_{S(t)}$。根据式 (6.7)，可得最佳对冲比率为 $x = e^{-r(T-t)}$。

6.3.3　股指期货

由于股票价格起伏无常，投资者必然面临市场价格风险。对于具体某一种股票的价格变化，投资者容易了解，而对于多种股票的价格变化，要逐一了解，既不容易，也不胜其烦。为了适应这种情况，一些金融服务机构就利用自己的业务知识和熟悉市场的优势，编制出股票价格指数并公开发布，作为市场价格变动的指标。投资者据此就可以检验自己投资的效果，并依此预测股票市场的动向。同时，新闻界、公司决策层乃至政界领导人等也以此为参考指标，来观察、预测社会政治、经济发展形势。

股指是股票价格指数的简称，它是由选择出一组具有代表性的股票价格以其在股票资本市场上所占比例作为权重的一个加权平均值。股票指数，也就是股票行市变动情况的价格平均数。如果选择的股票范围足够广，该指数将与市场投资组合的价值 M 成正比。由于指数能够被投资组合所确定，我们认为指数（股指）也是一种可交易的资产，并且是一份连续支付股息的资产。**股指期货**就是以股指为标的物的期货，它的价值可以很方便地用指数表示。

例 6.9　上证指数在 2015 年 1 月 30 日的股指为 3210.36，期货合约规定在 9 个月后交割，其价格为股指 3382.56，无风险利率为 3%。试求股息收益率。

解：利用 $f(0,T) = F(0,T) = S(0)e^{(r-r_d)T}$，我们可以得到

$$r_d = 3\% - \frac{4}{3}\ln\frac{3382.56}{3210.36} \approx -3.97\%$$

假设在一个时间步长 τ 内，无风险利率和市场投资组合的预期收益率分别为 $r_F = e^{r\tau} - 1$ 和 μ_M。对于一项投资组合 V，资本资产定价模型告诉我

们，在一个时间步长 τ 内，投资组合的预期回报率为

$$\mu_V = r_F + (\mu_M - r_F)\beta_V \tag{6.8}$$

此处，$\beta_V = \text{cov}(K_V, K_M)/\sigma_M^2$ 作为投资组合的 β 因子。

我们用 $V(n)$ 表示 n 时刻投资组合的总价值，假设股指等于 $kM(n)$（因为指数正比于市场投资组合的价值 M），那么股指期货的价格由下式给定

$$f(n,N) = kM(n)(1 + r_F)^{N-n} \tag{6.9}$$

这里，$N = T/\tau$。

考虑一个新的投资组合 $\tilde{V}$，它由之前的投资组合 $V(n)$，及交割日为 N 的 x 份空头期股指期货组成。显然，$\tilde{V}(0) = V(0)$，并且

$$\tilde{V}(n) = V(n) - x(f(n,N) - f(n-1,N)) \tag{6.10}$$

在 $t = 1$ 时，新的投资组合的回报率为

$$K_{\tilde{V}} = \frac{\tilde{V}(1) - \tilde{V}(0)}{\tilde{V}(0)} = \frac{V(1) - x(f(1,N) - f(0,N)) - V(0)}{V(0)} \tag{6.11}$$

对于上面这个新投资组合，下面的定理告诉我们，β 因子可以任意取值，且我们总能够找到与之相匹配的期货份额。

命题 6.6 假设 a 为任意给定值，如果 $x = (\beta_V - a)\dfrac{(1 + r_F)V(0)}{f(0,N)}$，那么 $\beta_{\tilde{V}} = a$。

证明： 根据式（6.11）我们知道新投资组合的回报率为

$$K_{\tilde{V}} = \frac{V(1) - x(f(1,N) - f(0,N)) - V(0)}{V(0)}$$

$$= K_V - \frac{xf(0,N)}{V(0)}\left(\frac{f(1,N)}{f(0,N)} - 1\right)$$

$$= K_V - \frac{xf(0,N)}{V(0)}\left(\frac{M(1) - M(0) + M(0)}{M(0)(1 + r_F)} - 1\right)$$

$$= K_V - \frac{xf(0,N)}{V(0)(1 + r_F)}\left(K_M - \frac{r_F}{1 + r_F}\right)$$

从而，我们可以得到新投资组合的 β 因子是

$$\beta_{\tilde{V}} = \frac{\text{Cov}(K_{\tilde{V}}, K_M)}{\sigma_M^2}$$

$$= \frac{\text{Cov}(K_V, K_M)}{\sigma_M^2} - x \cdot \frac{f(0,N)}{V(0)(1 + r_F)} \cdot \frac{\text{Cov}(K_M, K_M)}{\sigma_M^2}$$

$$= \beta_V - x \frac{f(0,N)}{V(0)(1 + r_F)}$$

显然，在 $x = (\beta_V - a) \dfrac{(1 + r_F)V(0)}{f(0,N)}$ 时，$\beta_{\tilde{V}} = a$。

例 6.10 假设股指在一个时间段内，从 1600 点跌至 1300 点，无风险利率 $r = 1\%$。这将意味着在 3 个时间段后股指期货的交割价为

$$f(0,3) = kM(0)(1 + r_F)^3 = 1600 \times 1.01^3 \approx 1648.48$$
$$f(1,3) = kM(1)(1 + r_F)^3 = 1300 \times 1.01^3 \approx 1339.39$$

考虑一项投资组合，其 β 因子为 $\beta_V = 1.5$，初始价值为 $V(0) = 10000$ 美元。根据 (6.8) 式，这项投资组合具有负的预期回报率

$$\mu_V = r_F + (\mu_M - r_F)\beta_V$$
$$= 1\% + \left(\frac{kM(1) - kM(0)}{kM(0)} - 1\%\right) \times 1.5 = -28.625\%$$

为构建一个新投资组合 $\tilde{V}$，使得 $\beta_{\tilde{V}} = 0$，我们可以通过原始的投资组合进行扩充（加入 x 份的空头股指期货），由命题 6.6 得

$$x = (\beta_V - 0)\frac{(1 + r_F)V(0)}{f(0,3)} = 1.5 \frac{1.01 \times 10000}{1648.48} \approx 9.19$$

即我们卖出 9.19 手交割日为 3 个时间段的股指期货合约。

思考题

6.3.1 假设 r 为固定利率，给定 $S(0)$。若交割日为 3 个月后的期货合约，在第一天和第二天的价格变化分别为 a 和 b，试求股票价格 $S(2)$。

6.3.2 仿照例 6.10，假设股指在一个时间段内自 1300 点上升至 1600 点，试计算此时的 x 为多少？

第 7 章　现实应用——人寿保险

人们在为退休作规划时发现，永久年金和固定年金并非完美无缺：如果某人刚签订一笔永久年金，最终他/她不可能把所有投资的钱取回来，因为他/她一定会在未来的某个时间逝去；如果某人签订一份固定年金，在年金到期时此人依然健在，这就会导致年金支取终止，此份保险不会为被保险人带来后续收益。有许多的方法来避免上述情况的发生。例如，终身年金，一种典型的保险类别，它可以用于弥补永久年金和固定年金的不足。

对于保险公司来讲，需要有一些很好的定价模型用于设计此类保险结构。我们将在本章讨论一些基本的人寿保险模型。

读者或许需要快速回顾一下概率论中的相关知识，尤其是下列概念：

- 概率分布函数　● 条件概率
- 概率密度函数　● 数学期望和方差

7.1　基本模型

7.1.1　模型

从连续时间模型开始。假设一个人的年龄为 x 岁，用 T_x 表示此人的剩余寿命，T_x 是一个随机变量。例如，一个 65 岁的人，他/她的剩余寿命可以是区间 $(0, +\infty)$ 中的任意数。记随机变量 T_x 的概率分布函数为

$$G_x(t) = P(T_x \leqslant t), \quad t \geqslant 0$$

显然，$G_x(t)$ 表示一个年龄 x 岁的人在 t 年内死亡的概率。

假设 $G_x(t)$ 是一个关于 t 的连续函数，由于 $G_x(t)$ 是一个分布函数，它关于 t 递增，并且满足

$$G_x(0) = 0 \text{ 和 } G_x(+\infty) = 1$$

例7.1　根据 $G_x(t)$ 的含义，有如下一些相关结论

1. 一个 x 岁的人将至少再活 t 年的概率；

2. 一个 x 岁的人至少活 s 年，但剩余寿命不超过 t 年的概率；

3. 一个 x 岁的人在存活了 s 年之后，在下一个 t 年后依然活着的条件概率；

4. 下面这个概率表达式又是什么意思呢？

$$\frac{G_x(s+t) - G_x(s)}{1 - G_x(s)}$$

解: 1. 记事件 E = "一个 x 岁的人剩余寿命不超过 t 年"，其对立事件 $\overline{E}$ = "一个 x 岁的人至少再活 t 年"。我们知道，事件 E 的概率为

$$P(E) = G_x(t)$$

因此，其对立事件 $\overline{E}$ 的概率为

$$P(\overline{E}) = 1 - G_x(t)$$

2. 留给读者。

3. 记事件 A = "一个 x 岁的人剩余寿命大于 s 年"，事件 B = "一个 x 岁的人剩余寿命大于 $s+t$ 年"。那么，在事件 A 发生条件下事件 B 发生的概率为

$$P(B \mid A) = \frac{P(A \cap B)}{p(A)}$$

基于前面的已知，我们可以得到相关概率函数

$$P(T_x > s + t \mid T_x > s) = \frac{P(T_x > s + t)}{P(T_x > s)} = \frac{1 - G_x(s+t)}{1 - G_x(s)}$$

4. 重新改写概率表达式

$$\frac{G_x(s+t) - G_x(s)}{1 - G_x(s)} = \frac{P(s < T_x \leqslant s + t)}{P(T_x > s)} = P(T_x \leqslant s + t \mid T_x > s)$$

因此，该概率表达式表示一个 x 岁的人剩余寿命大于 s 年的条件下，其剩余寿命小于 $s+t$ 年的条件概率。

进一步假设 $G_x(t)$ 有概率密度函数 $g_x(t) = G'_x(t)$，亦可等价地写为

$$G_x(t) = \int_0^t g_x(s)\,ds$$

那么，一个 x 岁的人剩余寿命的期望值为

$$E(T_x) = \int_0^\infty t g_x(t) dt$$

例 7.2 证明 $E(T_x) = \int_0^\infty (1 - G_x(t)) dt$.

解： 提示，使用分部积分法。具体证明过程留给读者。

例 7.3 假设一个 60 岁人的剩余寿命概率为

$$1 - G_{60}(t) = 1 - \left(\frac{t}{120}\right)^{2/3}, 0 < t < 120。$$

试计算 $E(T_{60})$。

解： 利用例 7.2 的结论，我们可以得到

$$E(T_{60}) = \int_0^\infty (1 - G_{60}(t)) dt = \int_0^{120} \left(1 - \left(\frac{t}{120}\right)^{2/3}\right) dt$$

$$= \left.\left(t - \frac{3t^{5/3}}{5 \cdot 120^{2/3}}\right)\right|_0^{120} = 48$$

7.1.2 死亡密度

回顾前面，一个年龄为 x 岁的人至少再活 t 年的概率，即生存概率为 $1 - G_x(t)$。容易知道，这是一个关于 t 的递减函数。为更进一步理解这个递减函数，我们将其与指数衰减模型 $\exp(-rt)$ 或者折扣因子 $\exp\left(-\int_0^t r(s) ds\right)$ 相比较。如果生存概率 $1 - G_x(t)$ 可以通过某个函数 μ_x 被表示为

$$1 - G_x(t) = \exp\left(-\int_0^t \mu_x(s) ds\right)$$

那么，μ_x 称为 x 岁的人在年龄为 $x+t$ 的**死亡率**。死亡率也可以由生存概率 $1 - G_x(t)$ 和它的导数表示得到。事实上，如果对上面的等式两端同时对 t 求导数，有

$$-g_x(t) = \exp\left(-\int_0^t \mu_x(s) ds\right)(-\mu_x(t)) = -(1 - G_x(t))\mu_x(t)$$

因此，x 岁的人在年龄为 $x+t$ 的死亡密度可以明确地被表示为

$$\mu_x(t) = \frac{g_x(t)}{1 - G_x(t)}$$

7.1.3　随机变量 T_x 的模型

这一节，我们要介绍几个模型。

1. 假设对于人类存在一个最大年龄 ω，并且 T_x 在区间 $(0, \omega - x)$ 上服从均匀分布，即 $g_x(t) = (\omega - x)^{-1}, 0 < t < \omega - x$。在这一假设下，我们有

$$G_x(t) = \int_0^t g_x(s)\,ds = \int_0^t \frac{1}{\omega - x}\,ds = \frac{t}{\omega - x}, \quad 0 < t < \omega - x$$

从而，期望寿命、生存概率以及死亡率分别为

$$E(T_x) = \int_0^\infty t g_x(t)\,dt = \int_0^{\omega - x} \frac{t^2}{\omega - x}\,dt = \frac{1}{3}(\omega - x)^2$$

$$1 - G_x(t) = \frac{\omega - x - t}{\omega - x}, \quad 0 < t < \omega - x$$

$$\mu_x(t) = \frac{g_x(t)}{1 - G_x(t)} = \frac{1}{\omega - x - t}, \quad 0 < t < \omega - x$$

这种假设状况下，死亡率是一个关于 t 的递增函数。

2. 假设死亡率为 $\mu_x(t) = A + Be^{x+t}, t > 0$，这里 A、B 为常数，且 $A > 0$。那么，对其求积分可得

$$\int_0^t \mu_x(s)\,ds = \int_0^t (A + Be^{x+s})\,ds = At + B(e^{x+t} - e^x)$$

进一步，可得生存概率

$$1 - G_x(t) = \exp\left(-\int_0^t \mu_x(s)\,ds\right) = \exp(-At - B(e^{x+t} - e^x))$$

3. 假设死亡率为 $\mu_x(t) = k(x + t)^n, t > 0$。同样对其求积分，得

$$\int_0^t \mu_x(s)\,ds = \frac{k}{n+1}\left[(x + t)^{n+1} - x^{n+1}\right]$$

显然，与之相应的生存概率为

$$1 - G_x(t) = \exp\left(-\int_0^t \mu_x(s)\,ds\right) = \exp\left(-\frac{k}{n+1}\left((x + t)^{n+1} - x^{n+1}\right)\right)$$

例 7.4　给定生存概率为 $1 - G_x(t) = \left(\dfrac{120 - x - t}{120 - x}\right)^2, 0 < t < 120 - x$。

试计算寿命的方差值 $Var(T_x)$。

解: 由于 $g_x(t) = G_x'(t) = 2 \cdot \dfrac{120 - x - t}{(120 - x)^2} = \dfrac{2}{120 - x}\left(1 - \dfrac{t}{120 - x}\right)$，利用

变量代换 $s = \dfrac{t}{120-x}$ 简化积分运算，能够得到

$$E(T_x) = \int_0^{120-x} t g_x(t)\,dt = 2(120-x)\int_0^1 s(1-s)\,ds$$

$$= (120-x)\left(s^2 - \frac{2s^3}{3}\right)\Big|_0^1 = \frac{1}{3}(120-x)$$

$$E(T_x^2) = \int_0^{120-x} t^2 g_x(t)\,dt = 2(120-x)^2\int_0^1 s^2(1-s)\,ds$$

$$= (120-x)^2\left(\frac{2s^3}{3} - \frac{s^4}{2}\right)\Big|_0^1 = \frac{1}{6}(120-x)^2$$

因此，寿命的期望方差为

$$Var(T_x) = E(T_x^2) - E(T_x)^2 = \frac{1}{18}(120-x)^2$$

思考题

7.1.1　求解例 7.1（2）。

7.1.2　求解例 7.2。

7.1.3　给定存活率 $1 - G_{80}(t) = \left(1 - \dfrac{t}{40}\right)^3$，其中 $0 < t < 40$。计算一个 80 岁人的期望寿命 $E(T_{80})$ 及其死亡率 $\mu_{80}(t)$。

7.2　人寿保险

在人寿保险合同中，被保险人的收益由一次性支付构成，称其为保险金额。支付时间及支付金额是关于随机变量 T_x 的函数。因此，时间和支付金额也可以是关于他们自己的随机变量。

我们将年龄为 x 的人开始享有保险的时间视作当前时间，支付金额的现值记为 Z_x，那么其期望 $E(Z_x)$ 是当前支付总额（当前保费）。为了反映出其中的风险，需要考虑方差 $Var(Z_x)$。方便起见，我们假设利率是固定的常数。

前面我们给出了概率分布函数 $G_x(t) = P(T_x \le t)$，$t \ge 0$，用以表示一个 x 岁的人将在 t 年内逝去的概率；函数 $g_x(t) = G_x'(t)$ 是其相应的概率密度

函数；$1-G_x(t)$ 则表示存活概率；我们用 $\mu_x(t)$ 表示死亡率，它满足下式

$$1-G_x(t)=\exp\Big(-\int_0^t\mu_x(s)ds\Big)$$

7.2.1　终身及定期人寿保险

考虑一份终身保险，承诺为当前年龄为 x 的被保人在其过世时，支付 F 元。由于时间段 $[0,T_x]$ 内的贴现因子为

$$\exp(-rT_x)$$

那么这份终身保险的现值是

$$Z_x=Fe^{-rT_x}$$

从而，我们知道这份终身保险的纯保费是

$$E(Z_x)=F\int_0^\infty e^{-rt}g_x(t)dt$$

与此同时，Z_x 的方差为

$$Var(Z_x)=E(Z_x^2)-E(Z_x)^2$$

$$=F^2\int_0^\infty e^{-2rt}g_x(t)dt-F^2\Big(\int_0^\infty e^{-rt}g_x(t)dt\Big)^2$$

例 7.5　假设连续利率 $r=6\%$。某人在其 30 岁时想要购买一份终身保险，在其过世时，保险公司支付 $F=250000$ 元。若 30 岁的生存概率为 $1-G_{30}(t)=1-\dfrac{t}{80},0<t<80$，试计算纯保费。

解： 对于上述问题，需要计算纯保费 $E(Z_{30})$。容易得到人在 t 年内死亡的概率密度函数为

$$g_{30}(t)=G_{30}'(t)=\frac{1}{80},\quad 0<t<80$$

那么，有

$$E(Z_{30})=F\int_0^\infty e^{-rt}g_{30}(t)dt=250000\int_0^{80}\frac{e^{-0.06t}}{80}dt$$

$$=\frac{250000}{4.8}(1-e^{-4.8})\approx 51654.70\ 元$$

例 7.6　假设连续复利 r 为常量，死亡密度亦为常量 $\mu_x=\mu$。试用 r 和

μ 表示 $Var(Z_x)$。

解： 由于生存概率是

$$1 - G_x(t) = \exp\left(-\int_0^t \mu_x(s)\,ds\right) = \exp(-\mu t)$$

可得生存概率密度函数为 $g_x(t) = G'_x(t) = \mu e^{-\mu t}$，因此

$$E(Z_x) = F\int_0^\infty e^{-rt} g_x(t)\,dt = \mu F\int_0^\infty e^{-(r+\mu)t}\,dt = \frac{\mu F}{r + \mu}$$

$$E(Z_x^2) = F^2\int_0^\infty e^{-2rt} g_x(t)\,dt = \mu F^2\int_0^\infty e^{-(2r+\mu)t}\,dt = \frac{\mu F^2}{2r + \mu}$$

从而

$$Var(Z_x) = E(Z_x^2) - E(Z_x)^2$$

$$= \frac{\mu F^2}{2r + \mu} - \frac{(\mu F)^2}{(r + \mu)^2} = \frac{\mu r^2 F^2}{(2r + \mu)(r + \mu)^2}$$

保险期限 y 年是指一个年龄为 x 岁的人，现在购买一份支付金额 F 元的人寿保险，如果过世时间发生在 y 年内，则在该年年底一次性支付 F 元。对于这个保险期限的现值可以表示为

$$\hat{Z}_x = \begin{cases} Fe^{-rT_x}, & \text{若 } T_x \leqslant y \\ 0, & \text{若 } T_x > y \end{cases}$$

因此，理论上纯保费是

$$E(\hat{Z}_x) = F\int_0^y e^{-rt} g_x(t)\,dt$$

保险期限 y 的现值的方差为

$$Var(\hat{Z}_x) = E(\hat{Z}_x^2) - E(\hat{Z}_x)^2 = F^2\int_0^y e^{-2rt} g_x(t)\,dt - F^2\left(\int_0^y e^{-rt} g_x(t)\,dt\right)^2$$

例 7.7 若保险期限为 40 年，连续利率 $r = 6\%$。某人在其 30 岁时想要购买一份终身保险，在其过世时，保险公司支付 $F = 250000$ 元。若 30 岁的生存概率为 $1 - G_{30}(t) = 1 - \dfrac{t}{80}$，$0 < t < 80$，试计算此时理论纯保费。

解： 显然，需要计算 $E(\hat{Z}_{30})$。与前面例 7.5 相类似，我们有

$$E(\hat{Z}_{30}) = F\int_0^{40} e^{-rt} g_{30}(t)\,dt = 250000\int_0^{40} \frac{e^{-0.06t}}{80}\,dt$$

$$= \frac{250000}{4.8}(1 - e^{-2.4}) \approx 47358.44 \ 元$$

　　为了更进一步讨论各种类型的保险，我们考虑年龄为 x 的人未来生存的整数年。举例来讲，如果某人 60 岁，他/她可以继续活 35.8 年，我们就说，此人可以再活完整的 35 年。用 K_x 来表示年龄为 x 岁的人再生存的整数年，显然，K_x 是剩余寿命的整数年份，即

$$K_x = \lceil T_x \rceil$$

因此，

$$P(K_x = k) = P(k \leqslant T_x < k + 1)$$

若 T_x 的生存概率密度函数已知，容易计算出下列概率

$$P(K_x = k) = P(k \leqslant T_x < k + 1)$$

$$= G_x(k + 1) - G_x(k) = \int_k^{k+1} g_x(t) \, dt$$

　　例 7.8　给定年龄为 30 岁的生存概率为 $1 - G_{30}(t) = 1 - \frac{t}{80}, 0 < t < 80$。试计算当 $k = 0, 1, 2, \cdots, 79$ 时，概率 $P(K_{30} = k)$ 分别为多少？

　　解： 容易得到 $G_{30}(t) = \frac{t}{80}, 0 < t < 80$。因此

$$P(K_{30} = k) = G_{30}(k + 1) - G_{30}(k) = \frac{k + 1 - k}{80} = \frac{1}{80}$$

　　接下来，我们考虑终身保险，若当前年龄为 x 岁，直至其过世当年的年底，一次性支付保额 F 元。在这种情形下，支付的时间为 $K_x + 1$。因此，终身保险的现值为

$$D_x = F e^{-r(K_x + 1)}$$

并且，该保险的保费为

$$E(D_x) = F \sum_{k=0}^{\infty} e^{-r(k+1)} P(K_x = k)$$

例如，对于 $k = 0, 1, 2, \cdots, 79$，有 $P(K_{30} = k) = \frac{1}{80}$，那么

$$E(D_{30}) = F \sum_{k=0}^{\infty} e^{-r(k+1)} P(K_{30} = k)$$

$$= F \sum_{k=0}^{79} \frac{e^{-r(k+1)}}{80} = \frac{F(1 - e^{-80r})}{80(e^r - 1)}$$

类似地，我们考虑一份定期人寿保险，如果现龄 x 岁的投保人在 n 内过世，则为其提供一份定额为 F 元的保险。实际支付时间在过世当年年底。在这种情形下，这份定期人寿保险的现值为

$$\hat{D}_x = \begin{cases} Fe^{-r(K_x+1)}, & 若 K_x < n; \\ 0, & 若 K_x \geq n. \end{cases}$$

因此，其保费为

$$E(\hat{D}_x) = F \sum_{k=0}^{n-1} e^{-r(k+1)} P(K_x = k)$$

例 7.9 假设 $P(K_{30} = k) = \dfrac{1}{80}$，其中 $k = 0,1,2,\cdots,79$，连续利率为 6%。试计算下列不同类型保险的保费。

（1）一份针对 30 岁被保人的终身人寿保险，在其死亡时为受益人提供定额为 100000 元的保险金；

（2）一份针对 30 岁被保人的定期人寿保险，如果被保人在 50 年内过世，则向受益人提供 100000 元的保险金。

解：（1）留给读者。

（2）此类型保险的保费为

$$E(\hat{D}_{30}) = F \sum_{k=0}^{n-1} e^{-r(k+1)} P(K_{30} = k) = 100000 \sum_{k=0}^{49} \frac{e^{-0.06(k+1)}}{80}$$

$$= 1250 \cdot \frac{1 - e^{-0.06 \cdot 50}}{e^{0.06} - 1} \approx 19208.16 \ 元$$

在现实生活中，随机变量 T_x 的概率分布函数 $G_x(t)$ 不容易得到。然而，K_x 的分布情况，即一个 x 岁的人未来生存的整数年份，可以通过历史统计数据得到。例如，人们完全可以基于一年内的死亡概率来定义随机变量 K_x 的概率分布。

为得到 T_x 的概率分布，我们可以根据 K_x 和 $S_x = T_x - [T_x]$ 来表示 T_x，此处 S_x 表示年龄为 x 岁的人在过世当年活着的时间，它是一个取值在 $[0,1)$ 区

间内的随机变量值。我们有

$$T_x = K_x + S_x$$

假设随机变量 K_x 和 S_x 是相互独立的，且 S_x 满足均匀分布，即对于 S_x 的概率密度函数是定值（因此是 1）。基于上述假设条件下，可以得到下列结论

$$E(T_x) = E(K_x) + \frac{1}{2}$$

$$Var(T_x) = Var(K_x) + \frac{1}{12}$$

接下来，通过实例进一步讨论针对年龄为 x 岁的人寿保险，在不同年份的收益。假设保险金额在过世当年年底支付，鉴于区间 $[0, K_x + 1]$ 的折价因子为

$$\exp(-r(K_x + 1))$$

那么此份人寿险的现值为

$$D_x = F_{K_x+1} e^{-r(K_x+1)}$$

当前保险费为

$$E(D_x) = \sum_{k=0}^{\infty} F_{k+1} e^{-r(k+1)} P(K_x = k)$$

这里，用 F_k 表示保险合同生效以后第 k 年的保险金额。

例 7.10　假设一份终身人寿保险合同在某人 30 岁时生效，下表表示自保险生效日至被保险人过世该保险将为指定受益人提供的收益（单位：元）

表 7-1

保险生效日至其过世时间	保险收益
1	100000
2	100000
3	90000
4	90000
5	90000
6	80000

保险生效日至其过世时间	保险收益
7	80000
8	80000
9	80000
10	70000
>10	70000

若连续复利 $r=6\%$，概率密度函数为 $\mathrm{P}(K_{30}=k)=\dfrac{1}{80}, k=0,1,2,\cdots,79$。试计算这份人寿保险生效需一次性支付多少。

解： 根据收益表，我们可以得到 $F_1=100000, F_2=100000, F_3=90000,\cdots$，那么这份人寿保险需一次性支付

$$E(D_{30})=\sum_{k=0}^{\infty}F_{k+1}e^{-r(k+1)}\mathrm{P}(K_{30}=k)$$

$$=\sum_{k=0}^{1}100000e^{-0.06(k+1)}\left(\frac{1}{80}\right)+\sum_{k=2}^{4}90000e^{-0.06(k+1)}\left(\frac{1}{80}\right)$$

$$+\sum_{k=5}^{8}80000e^{-0.06(k+1)}\left(\frac{1}{80}\right)+\sum_{k=9}^{79}70000e^{-0.06(k+1)}\left(\frac{1}{80}\right)$$

$$\approx 15629.72\ 元$$

总的来讲，对于在保险人过世后立即向受益人支付的人寿保险，保额通常是关于 T_x 的函数，我们将其记作 $F(T_x)$。在这种情形下，由于在时间区间 $[0, T_x]$ 上的折扣因子是 $\exp(-rT_x)$，因此人寿保险的现值为

$$Z_x=F(T_x)e^{-rT_x}$$

从而，我们可以得到人寿保险合同生效时一次性支付的保险费为

$$E(Z_x)=\int_0^{\infty}F(t)e^{-rt}g_x(t)\mathrm{d}t$$

例7.11 某人欲购买一份针对 x 岁年龄群的终身人寿保险，在被保险

人过世时，指定受益人的收益为

$$F(T_x) = 500000\mathrm{e}\left(-\frac{T_x}{100}\right)$$

若在 t 年内死亡的概率密度函数为

$$g_x(t) = \begin{cases} \dfrac{t}{5000}, & 0 < t < 100 \\[2mm] 0, & \text{其他} \end{cases}$$

若连续复利 $r = 7\%$。试计算此人目前要支付的保险费。

解： 解答这个问题，我们需要用到如下不定积分公式，这个公式在本节其他例题以及思考题中都会涉及。

$$\int t e^{at} dt = \frac{1}{a}\left(t - \frac{1}{a}\right)e^{at} + C$$

当前需要一次性支付的保险费为

$$E(Z_x) = \int_0^\infty F(t)e^{-rt}g_x(t)dt = 500000\int_0^{100} e^{-0.01t}e^{-0.07t}\frac{t}{5000}dt$$

$$= 100\int_0^{100} t e^{-0.08t}dt = -\frac{100}{0.08}\left(t + \frac{1}{0.08}\right)e^{-0.08t}\Big|_0^{100}$$

$$\approx 15577.83 \ \text{元}$$

对于相关的定期人寿保险，我们有

• 如果被保险人在 n 年内过世，受益人方可在当年年底获得收益，那么该人寿保险的现值为

$$\hat{D}_x = \begin{cases} F_{K_x+1}e^{-r(K_x+1)}, & \text{若 } K_x < n \\[2mm] 0, & \text{若 } K_x \geqslant n \end{cases}$$

因此，对于定期人寿保险生效需一次性缴付

$$E(\hat{D}_x) = \sum_{k=0}^{n-1} F_{k+1}e^{-r(k+1)}\mathrm{P}(K_x = k)$$

• 如果被保险人在 y 年内过世，受益人可立即获得保险收益，那么此人寿保险的现值为

$$\hat{Z}_x = \begin{cases} F(T_x)e^{-rT_x}, & \text{若 } T_x \leqslant y \\[2mm] 0, & \text{若 } T_x > y \end{cases}$$

所以，该人寿保险需一次性缴费

$$E(\hat{Z}_x) = \int_0^y F(t)e^{-rt}g_x(t)\,dt$$

例7.12 一份针对被保险人年龄为 x 岁，有效期为 50 年的定期人寿保险，在其过世时，保险受益人可获得收益

$$F(T_x) = 500000\exp\left(-\frac{T_x}{50}\right)$$

假设人们在 t 年内死亡概率密度函数如下

$$g_x(t) = \begin{cases} \dfrac{t}{5000}, & 0<t<100 \\ 0, & 其他 \end{cases}$$

若连续复利为 8%。试计算投保人需要一次性缴付的保险费。

解： 仿照例 7.11，求解过程留给读者。

思考题

7.2.1 一份针对年龄为 x 岁，保额为 50000 元的终身人寿保险，在被保人生命终止时，受益人可获得保险收益。设人们在 t 年内死亡的概率密度函数为

$$g_x(t) = \begin{cases} \dfrac{t}{5000}, & 0<t<100 \\ 0, & 其他 \end{cases}$$

若连续复利 $r=10\%$，计算该保险的保费。

7.2.2 求例 7.9(1)。

7.2.3 假设连续复利 $r=6\%$，某人 40 岁，想要为自己购买一份保险期限为 35 年，在其生命终止时受益人获得保额 $F=200000$ 元。如果对于 40 岁人的存活概率为 $1-G_{40}(t)=1-\dfrac{t}{70}$，这里 $0<t<70$，试计算该保险的保费。

7.2.2 两类标准型人寿保险

在这一节中，我们将介绍两类普遍且易于计算的标准型人寿保险。

1. 标准递增终身人寿保险。对于此保险，有 $F_k = F+ck$ 或者 $F(t)=F+ct$。

- 如果在被保险人过世之后受益人可在当年年底获得保险收益，那么该人寿保险的现值为

$$D_x = [F + c(K_x + 1)] e^{-r(K_x + 1)}$$

投保人为此保险需一次性支付的保险费为

$$E(D_x) = \sum_{k=0}^{\infty} [F + c(k+1)] e^{-r(k+1)} P(K_x = k)$$

- 如果在被保险人过世时受益人可立刻获得保险收益，那么该人寿保险的现值为

$$Z_x = (F + cT_x) e^{-rT_x}$$

投保人为此保险需一次性支付的保险费为

$$E(Z_x) = \int_0^{\infty} (F + ct) e^{-rt} g_x(t) dt$$

例 7.13 若连续复利 $r = 6\%$，某人 40 岁想要为自己购买一份终身人寿保险，该保险在其过世后将向受益人支付 $F = 200000 + 5000T_x$ 元。如果 40 岁时的生存概率为 $1 - G_{40}(t) = 1 - \dfrac{t}{70}$，其中 $0 < t < 70$，试计算此人需要为这份人寿保险一次性支付的保险费。

解： 因为 $g_{40}(t) = G'_{40}(t) = \dfrac{1}{70}, 0 < t < 70$，那么可以得到一次性支付保额为

$$E(Z_{40}) = \int_0^{\infty} (F + ct) e^{-rt} g_{40}(t) dt = \int_0^{70} (200000 + 5000t) \frac{e^{-0.06t}}{70} dt$$

$$= \frac{200000}{4.2} (1 - e^{-4.2}) + \frac{1}{0.06^2} (1 - e^{-4.2}) - \frac{70}{0.06} e^{-4.2}$$

$$\approx 48529.15 \text{ 元}$$

2. 标准递减定期人寿保险。这类保险将按照线性关系递减至零，这种方法在其他的贷款、还款过程中也经常用到。

- 如果被保险人在 n 年内过世，受益人可在当年年底获得保险收益，那么该人寿保险的现值为

$$\hat{D}_x = \begin{cases} F(n - K_x) e^{-r(K_x + 1)}, & \text{若 } K_x < n \\ 0, & \text{若 } K_x \geqslant n \end{cases}$$

投保人为此保险需一次性支付的保险费为

$$E(\hat{D}_x) = F \sum_{k=0}^{n-1} (n-k) e^{-r(k+1)} P(K_x = k)$$

• 如果在被保险人过世时受益人可立刻获得保险收益，那么该人寿保险的现值为

$$\hat{Z}_x = \begin{cases} F(y - T_x) e^{-rT_x}, & \text{若 } T_x \leq y \\ 0, & \text{若 } T_x > y \end{cases}$$

投保人为此保险需一次性支付的保险费为

$$E(\hat{Z}_x) = F \int_0^y (y - t) e^{-rt} g_x(t) \, dt$$

思考题

7.2.4 一份针对 40 岁年龄人群的终身人寿保险，自合同生效开始至被保险人过世，依据下表，为受益人提供相应的收益（单位：元）

表 7-2

合同生效至死亡时间间隔	受益人收益
1	200000
2	200000
3	200000
4	200000
5	150000
6	150000
7	150000
8	150000
9	100000
>9	100000

若连续复利 $r = 6\%$，概率分布函数为 $P(K_{40} = k) = \dfrac{1}{70}$，这里 $k = 0, 1, 2, \cdots, 69$。

试计算这份保单生效时，投保人需一次性支付的保险费？

7.2.5　求解例 7.12。

7.2.6　若连续复利 r = 6%。某人 40 岁时想要为自己购置一份保险期限为 35 年的定期人寿保险，在其过世时，此保险为受益人提供 $F = 200000 \cdot e^{\frac{T_{40}}{50}}$ 元的保险收益。若 40 岁人群的生存概率分布为 $1 - G_{40}(t) = 1 - \dfrac{t}{70}$，其中 $0 < t < 70$。此人当前需要缴纳多少钱购买这份保险？

参考文献

1. *Marek Capiński and Tomasz Zastawniak*，*Mathematics for Finance：An Introduction to Financial Engineering*，2nd ed. 2011 Springer.

2. Kevin J. Hastings，*Introduction to Financial Mathematics*，2015 CRC Press.

3. Hans U. Gerber Life，*Insurance Mathematics*，3rd ed. 1997 Springer.

4. ［美］塞尔焦·M. 福卡尔迪、弗兰克·J. 法博齐著，龙永红、何宗炎译：《金融建模与投资管理中的数学》，中国人民大学出版社 2011 年版。

5. ［美］Joseph Stampfli，Victor Goodman 著，蔡明超译：《金融数学》，机械工业出版社 2004 年版。

6. 吴岚、黄海、何洋波编著：《金融数学引论》，北京大学出版社 2013 年版。

7. 韦明主编：《每天读点金融常识》，立信会计出版社 2011 年版。